樂律 著

情緒掌控術

不再被負能量綁架大腦！

接受不完美 × 尋找社會支持 × 保持空杯心態
每天給自己一個笑容，人生就真正幸福了

內心沉重到要把你壓垮了，卻找不出實際原因？
想要找人傾訴煩惱，又怕被對方「敬而遠之」？

抱怨｜憤怒｜焦慮｜憂鬱｜悲傷｜後悔｜挫折
用最短的時間找到負面情緒，用最好的方法管理情緒！

目錄

前言

上篇　情緒調節 —— 修練你的 EQ

第一章　情緒調控 ——
想掌握自己的命運，請先掌控自己的情緒…………009

第二章　情緒調節 ——
千萬別讓負面情緒綁架你……………………………037

第三章　情緒轉移 ——
狀態不好的時候換件事來做…………………………065

第四章　情緒傳導 ——
別被他人的不良情緒左右……………………………087

第五章　情緒釋放 ——
為負面情緒找一個出口………………………………111

第六章　情緒選擇 ——
讓積極成為你性格的一部分…………………………135

下篇　情緒管理 —— 做情緒的主人

第七章　丟掉抱怨情緒 ——
「不公平」是這個世界的一部分……………………173

目錄

第八章　控制憤怒情緒 ──
不拿別人的錯誤懲罰自己……………………………… 197

第九章　清除焦慮情緒 ──
自我減壓，生活可以更輕鬆……………………………… 219

第十章　提防憂鬱情緒 ──
和憂鬱症擦肩而過………………………………………… 245

第十一章　轉化悲傷情緒 ──
要有「化悲痛為力量」的智慧…………………………… 271

第十二章　放下後悔情緒 ──
對已經發生的不要糾結不休……………………………… 293

第十三章　戰勝挫折情緒 ──
鍛造屢敗屢戰的魄力……………………………………… 311

前言

生活中,我們都有這樣的體驗:在情緒好、心情爽的時候,思路開闊、思維敏捷,工作和辦事效率高;反之,在情緒低沉、心情憂鬱的時候,會思路阻塞、動作遲緩,效率很低。

一個人過於情緒化,芝麻大小的事情都表露在臉上,注定撐不起場面,很難有大的作為。

比能力更重要的是心理素養,一個人最後在社會上占據什麼位置,絕大部分取決於控制情緒的能力。穩定情緒、處變不驚、遊刃有餘,這樣才能與快樂為伴,與成功為伍。

有一次,著名專欄作家哈理斯和朋友去買報紙,交完錢,那位朋友禮貌地對賣報人說了聲謝謝,但對方態度冷漠,沒有一句客套話。

「這傢伙態度很差,是不是?」在回家的路上,哈理斯問道。

「是啊,他每次都是這樣。」朋友漫不經心地說,絲毫沒有生氣。

「那你為什麼還對他這樣客氣?」哈理斯有點疑惑了。

朋友微笑了一下,回答說:「為什麼要讓他決定我的行為?」

是的,一個成熟的人,會握住自己快樂的鑰匙。他不期待別人使他快樂,反而能將快樂與幸福帶給別人。這樣的人,是情緒的主人。

前言

其實，每人心中都有一把控制情緒的鑰匙，但我們卻常在不知不覺中把它交給別人掌管。

一位業務員經常抱怨：「我活得很不快樂，因為我經常碰到糟糕的客戶。」

一位員工說：「我的老闆很苛刻，這讓我很生氣！」

一位 OL 說：「工作壓力太大，我開始變老了！」

一位經理人說：「我的競爭對手太強大了，我真命苦啊！」

這些人都做了相同的決定，就是讓別人來控制自己的心情。結果，他們在工作和生活中不停地抱怨、隨意發怒、情緒焦慮，有些人甚至患上了憂鬱症，在悲傷、悔恨中一蹶不振。

東尼‧羅賓斯有句名言：「你有什麼樣的感覺，你就有什麼樣的生活。」悲觀的人，先被自己打敗，然後才被生活打敗；樂觀的人，先戰勝自己，然後才戰勝生活。這就是情緒的威力。

情緒總能夠以很快的速度形成，快到我們甚至無法察覺，這種速度能夠在危急時刻救我們一命，也能夠在一瞬間破壞我們的生活。

你無法改變天氣，卻可以改變心情；你無法控制別人，但可以掌握自己。正確調節自己的情緒，並理解他人的情緒，可以讓生活順風順水；而錯誤表達自己的情緒，忽視甚至誤解他人的情緒，則可能招致不可估量的損失。

因此，如果你想掌握自己的命運，請先掌控自己的情緒吧！學會調節自己的情緒，管好自己的心情，掌握人生的節

奏，你會發現成功其實並不難。一旦你學會了正確地表達，控制自己的情緒，就能自由地體驗不同的感受，在職場、社交、家庭等各方面遊刃有餘，活出充滿詩意的人生。

上篇　情緒調節 ── 修練你的 EQ

　　心理學家霍華・嘉納說：「一個人最後在社會上占據什麼位置，絕大部分取決於 EQ 因素。」EQ，主要是指一個人調節個人情緒、掌控自我狀態，以及處理各種關係、應對複雜狀況的能力。

　　如果控制好個人情緒，不讓壞心情上身，善於轉移消極情緒，不被他人的糟糕情緒左右，懂得宣洩內心的情感垃圾，那麼你就是一個高 EQ 的人，你就能在掌控個人情緒的基礎上，掌握自己的命運。

第一章　情緒調控 ──
想掌握自己的命運，請先掌控自己的情緒

　　作為對外界的一種心理反應，情緒時刻伴隨我們左右。不過，情緒差別很大，正向情緒讓人愉悅、自信，是成功的助推器；負面情緒讓人消沉、自卑，是失敗的導火線。一個人掌控個人情緒，就能管好心情，進而理好人情，辦好事情，成功掌握自己的命運。

上篇　情緒調節─修練你的 EQ

1・心境決定心情

　　柏拉圖說過:「決定一個人心情的,不在於環境,而在於心境。」得之,不狂喜;失之,不過悲;成功,不傲於人;失敗,不餒於己。不拒絕鮮花與掌聲,也不懼怕風雨和泥濘。不怨天,不尤人,這樣的人生必然風和日麗。

　　一位老和尚帶著剛出家不久的弟子,雲遊四方。他們走了很多地方,一路上小和尚總是抱怨行囊太重,要求找個地方休息一下。

　　這時候,老和尚總是說:「再走一會兒吧,再走一會兒吧。」結果,他走得越來越快,小徒弟在後面奮力追趕,累得氣喘吁吁。

　　這一天,師徒倆走了好長一段山路,經過一個村莊。小和尚實在太累了,一屁股坐在地上:「師父!我走不動了,休息一下吧!」

　　恰巧,一個婦女迎面走來。老和尚突然跑過去,抓住那個婦女的雙手。結果,對方嚇了一大跳,並立即大叫:「救命啊!老和尚非禮啊!」

　　村裡的人聽到喊聲,都跑了出來。看到一個老和尚在拉扯婦女,人們都義憤填膺,齊聲喊打。老和尚見勢不妙,趕緊鬆手,撒腿就跑。小和尚愣了好一會才反應過來,背起行囊飛似的跑起來。

　　師徒倆一路狂奔,不敢停下腳步。跑了幾條山路後,見後面沒人追來,他們才停下來。小和尚憤憤不平地埋怨:「師父!

第一章 情緒調控─想掌握自己的命運，請先掌控自己的情緒

你安的什麼心啊？這是參禪悟道嗎？我還是回家去吧！」

聽到這裡，老和尚既不生氣，也不解釋，只是回過頭來關切地問：「現在，你還覺得背上的行囊重嗎？」

這時，小和尚才意識到自己竟然背著一個沉重的包袱，跑了這麼久。他回答道：「奇怪，跑的時候一點都不覺得重了。」

望著師父的眼睛，小和尚突然間有所領悟。原來，老和尚是在訓練小和尚修行的功夫，剛才「調戲婦女」只不過是一場戲罷了。

一個人的心境不同，對身邊事物的感受也不同。小和尚在奔跑的過程中，由於驚慌，根本沒時間考慮背上的重量，所以就很輕鬆。而把沉重的行囊當作一種負擔的時候，他就只能時時刻刻感到泰山壓頂了。

在生活中也一樣，我們如果選擇一種安寧平和的心境，就不會有那麼多煩惱了。

好心情是自己給自己的。心情的好與壞，心緒的靜與鬧，決定於自己的心境。那麼，一個人的心境又是受哪些因素影響的呢？

(1) 個人的價值觀

一個人對世界的看法，對人生的領悟，決定了他的價值觀。豁達的人，很少有煩惱的時候；感恩的人，很少有斤斤計較的時刻……修練自己通達、向上的價值觀，就容易擁有理智、成熟的觀念，心情自然很好。

(2) 人與事的影響

在對的時間，遇到對的人，就會興味盎然；在對的時間，遇到不該遇到的人，則會興趣索然；在不對的時間，遇到不該遇到的人，則會渾身上下不自在。與人和諧相處，做事圓圓滿滿，有助於好心情的形成，保持良好的情緒狀態。

(3) 身邊的環境

輕鬆和諧的環境則會營造一種安靜舒心的氛圍，心隨之感到愜意而滿足。反之，緊張沉悶的環境則會製造一種焦躁不安的氣氛，心隨之感到壓抑而鬱悶。選擇寧靜的社區、營造良好的人際關係，都有助於你生活在好的環境裡，擁有良好的心境。

當你心緒難平、心情糟糕的時候，不妨換個角度看問題、換個環境理清頭緒。心境好了，自然能夠順風順水，把事情處理得妥妥當當。

> **【情緒調節】**
>
> 所謂心境，其實就是對待生活、對待人生的一種態度。樂觀的心境成就快樂的人生，悲觀的心境造成陰鬱的人生。保持良好的心境，在人生不同階段修練應有的心境，必然讓自己多一些開心和順意，少一些煩惱和挫折。

第一章 情緒調控—想掌握自己的命運,請先掌控自己的情緒

2・情緒化讓你壞大事

東尼・羅賓斯說過:「成功的祕訣就在於懂得怎樣控制痛苦與快樂這股力量,而不為這股力量所反制。如果你能做到這點,就能掌握住自己的人生,反之,你的人生就無法掌握。」

很多時候,壞事的不是你的能力或智慧,而是你沒有控制住自己的情緒。因為,控制好了情緒,做事才能遊刃有餘,掃清成功之路上的障礙。

中原標準時間 2006 年 7 月 10 日凌晨,世界盃決賽在德國柏林世界盃球場進行,法國與義大利向冠軍發起最後的衝擊。比賽剛剛開始第 6 分鐘,法蘭克・里貝里為法國隊創造了一粒寶貴的點球,席內丁・席丹以一記巧妙的「勺子」命中點球,將比分改寫為 1:0,第 18 分鐘時義大利「罪人」馬可・馬特拉齊頭球扳平比分。當比賽進入加時賽,場上風雲突變,席丹極不冷靜的舉動染紅離場。

在加時賽下半場第 3 分鐘時場上忽然出現混亂,席丹失去冷靜,在無球情況下一頭頂在馬特拉齊胸口上,後者順勢倒地,這也使得比賽中斷。衝突前,不知馬特拉齊對席丹說了些什麼,激怒了這位足球藝術大師。主裁判與助理裁判簡單交流之後,出示紅牌將席丹罰出場外,足球藝術大師以這種遺憾的方式告別最後的演出。

在席丹為球迷帶來的精采表演中,時不時也能見到他脾氣

暴躁的一面。1998年世界盃時,席丹就曾踩踏沙烏地阿拉伯球員,後又因為在冠軍盃比賽中用頭惡意頂撞對手被罰禁賽5場,而這些還僅僅是席丹魯莽行為中的兩例而已。

足球場上言語的挑釁司空見慣,席丹應該用頭把球送進義大利的球門,而不是撞向對方的身體。在世界盃決賽中,席丹頭腦發熱做出讓人匪夷所思的動作。他是在為國家而戰,不應為這種無聊的言語放棄國家的榮譽,以這種遺憾的方式告別最後的演出,也讓本來占據優勢的法國隊陷入少一人的被動局面,最終痛失世界盃冠軍獎盃。

由此可見,在成功的路上,最大的敵人其實並不是任何外部的條件或是沒有機會,而是缺乏對自己情緒的控制。憤怒時,不能制怒,使身邊的家人朋友望而卻步,無法進一步與你溝通;消沉時,放縱自己的萎靡,把許多稍縱即逝的機會白白浪費。

成就大業的人,都遵循著一個永恆的祕訣:弱者任情緒控制行為,強者讓行為控制情緒。想要在生活中更幸福、在工作上更順心、在事業上更如意,首先要做一個能夠掌控自我情緒的人,從而在理性思維的指導下明是非、知進退,甚至把壞事變成好事。

(1) 要承認自己情緒的弱點

生活中,每個人都有他的優點和弱點,長處和短處,但不一定都能很好地認識到自己的弱點或是短處。情緒世界中也是

第一章　情緒調控—想掌握自己的命運，請先掌控自己的情緒

一樣，為此我們一定要了解自己情緒世界中的弱點和短處，不要迴避或視而不見。有些人容易暴躁，而且一暴躁就控制不住自己。怎麼辦？就要承認自己有這個毛病，在此基礎上再認真分析自己容易暴躁的原因是什麼，在什麼情況下容易激動，然後選擇一些方法去克服它。這樣做的好處是：可以隨時隨地提醒自己去克服這個情緒上的弱點。

(2) 要放鬆自己的心情

當發覺自己的情感激動起來時，為了避免立即爆發，可以有意識地轉移話題或做點別的事情來分散自己的注意力，把思想感情轉移到其他活動上，使緊張的情緒鬆弛下來。這樣不僅能放鬆情緒，還能讓你做事更加理性更容易獲得成功。

(3) 要學會正確評價身邊的人和事

對待社會上存在的各種矛盾，有很多情緒化行為是因為不會正確認識、處理人與人之間的矛盾。所以學會全面觀察問題，從多個角度、多種觀點進行多方面的觀察，並能深入到現實中去就顯得更加重要和有意義。這樣能使自己發現原來發現不了的意義和價值，使自己樂觀一點；還會增加我們克服困難的勇氣，增加自己的希望、信心，即使遇到嚴重挫折也不會氣餒，不會打退堂鼓。

凡事多一些理性思考，少一些任性姿態，你就能把不良情緒這個魔鬼關在牢籠裡，戰勝那些企圖摧毀你的力量。總之，

上篇　情緒調節—修練你的 EQ

領悟了情緒變化的奧祕，對於自己千變萬化的個性，你就不會再聽之任之。做人不情緒化，做事才能按部就班、圓圓滿滿，這樣才能掌握自己的命運，成就輝煌的事業。

【情緒調節】

情緒是個頑皮的孩子，當你有辦法控制它的時候，它就會為你的成功添磚加瓦；但是如果你放任它的話，它就會給你製造很多麻煩，甚至破壞你向前的步伐。你要控制好自己的情緒，讓你的行為控制你的情緒，而不要讓情緒控制你的行為，做你自己情緒的主人。

第一章　情緒調控─想掌握自己的命運,請先掌控自己的情緒

3・控制情緒,激發潛能

在生活中,因為各種煩心的瑣事,我們都會或多或少地產生不良情緒。這些不好的情緒如果控制得當,就能激發出你的潛能,成就一番功業。

其實,控制情緒是對情緒的一種選擇,即抑制不良情緒,使自己轉向正面、積極的情緒。如果選擇正確,控制到位,就容易在複雜的局面中掌握主動權,化不利為有利,控制正向情緒自然會激發更多的潛能。

小麗是一個剛剛畢業的大學生,剛進公司的她什麼都不會,不懂的事情又不願意向別人請教,結果到公司好久還是只能做一些簡單的事。

年底,公司主管把員工派到各個地方去見客戶,小麗和張姐分在了一組。

客戶是一個美國人,張姐用流利的英語和客戶聊得很投機,可是小麗因為英語不太好就無所事事地坐在一邊,而張姐就順利地和客戶簽了下一年的合作意向書。

回到公司以後,老闆把小麗叫到辦公室,說:「你們去見的那個客戶昨天下午打電話給我,說派去見他的兩個人中,一個連基本的對話都聽不懂,希望我下次不要讓這麼不專業的人接觸他公司的業務,所以我想⋯⋯」

小麗什麼都聽不下去,衝出了辦公室。回到家她把自己關

上篇　情緒調節—修練你的 EQ

在房間裡一直哭。她看著擺在角落裡的英語書，心想：我不能這樣下去了，憤怒並不能解決任何事情，我要好好學英語，以後誰都不能小看我！

從那天以後，小麗每天很認真地學英語。後來她成功地得到了另外一家公司的面試機會，當面試官驚奇地問她為什麼英語說得這麼好的時候，她說：「是憤怒和失敗激發出我的潛能，指導我去學的。」

當然，小麗最後順利地得到了那份工作，而且還越做越好，最後成為那家公司的高管。

小麗的成功真的是因為憤怒的情緒嗎？其實不是這麼簡單。小麗沒有受到別人指責的時候是一個得過且過的人，當受到別人的批評以後，她開始憤怒。但是憤怒的結果有兩種，一種是自暴自棄，一種是積極向上。小麗最成功的不是把英語說得多麼好，而是她有效地調節了情緒。在憤怒過後，她告訴自己要積極向上，才不會被人看扁，於是她透過努力，獲得了更好的前途。但是如果當時她只是自暴自棄，不難想像最後她還將是老樣子，甚至更糟糕。

因此，對於潛能的激發，很多人會把功勞歸在不良情緒上，但其實真正的功臣是情緒的自我調節。如果你學不會把糟糕的情緒轉化為積極的情緒，那麼成功也一樣遙遙無期。

那麼，怎樣才能把負面情緒轉化為成功的動力呢？

第一章　情緒調控—想掌握自己的命運，請先掌控自己的情緒

(1) 正確評價自己，不要高估或低估自己

對自己有清楚的認知，才能在絕望的時候不放棄自己，失落的時候不小看自己，順利的時候不高估自己。對自己有正確的認知，做自己可以勝任的事情，對自己有一個合理的預期和評價。這樣你才能在不斷的進步和成績中一步一步走向成功。

(2) 培養獨立的人格，做自己的主人

認識自己的原則，知道什麼是你堅持的，什麼是你不能容忍的。人云亦云並不能幫你找到解決的辦法，反而會讓你陷入迷霧之中，最後一點一點地迷失了自己。在你不知如何選擇的時候，可以告訴自己「我是在為自己生活，而不是為了別人」。

(3) 多發現親人朋友對自己的愛和幫助

無論是成熟的大人還是孩子，都需要他人的幫助，而家人是你最忠實的支持者。也只有家人的愛才是最無私最溫暖的，多發現他們的愛可以讓你更有信心面對生活中的困難和挫折。

(4) 從多角度審視自己，發現自己的美

每個人都需要在多角度中審視自我、調整自我，不斷發現身上的優點，以此鼓勵自己，指引自己，並不斷地朝理想和成功邁進。

上篇　情緒調節─修練你的 EQ

【情緒調節】

很多時候，成功就在一念之間，而「一念」卻來自你長期的自我情緒調節。把情緒帶到陽光下，就能發揮你無限的潛能，走上人生的康莊大道；相反，把情緒帶到陰暗潮溼的環境中，你只會越來越消極。所以情緒的控制很重要，只有把情緒控制在一個好的範圍裡才能激發你無限的潛能，獲得成功。

第一章　情緒調控─想掌握自己的命運，請先掌控自己的情緒

4・理性決策需要好的情緒狀態

　　情緒是一種可變化的持續性情感，它直接影響人對事物的看法和行動。情緒伴隨著我們一生，任何一個決定都受到情緒的左右，而很多不理性的決策往往都是因為沒有一個好的情緒狀態。所以想確保自己的決策能夠正確、成功，就要學會控制負面情緒的蔓延。

　　李老闆平時工作繁忙，總是沒時間在家陪孩子。或許是因為缺少父愛，兒子從小就很叛逆，別人說往西他偏要往東。

　　這一天，李老闆正在公司處理事務，兒子的班導師打來電話，告訴他兒子又蹺課了。李老闆生氣極了，馬上回家，看到兒子正在房間玩遊戲機。他一腳把兒子的遊戲機踢爛，大聲問：「你還讀不讀書了？不讀趁早退學，免得丟我的臉！」兒子氣呼呼地看著爸爸，大聲說：「我不要你管！」李老闆火冒三丈，抬手就給了兒子一巴掌。

　　兒子捂著臉轉身跑出了房間，李老闆坐在沙發上顫抖。這時候，他的助理打來電話，原來是一個客戶要求他們派人過去，做一些產品使用的演示和講解。李老闆正在氣頭上，大吼一聲：「前幾天不是才幫他們找了一個人過去嗎？怎麼誰都來找我麻煩，煩不煩啊！」還沒等助理把話說完，他就把電話掛了，還關了機。

　　第二天，李老闆回到公司，發現損失了一大筆生意，於是就質問下屬為什麼會這樣。助理說：「昨天我打電話給您的時

候，客戶聽到您說的話，就取消了這個訂單。我一直嘗試和您聯絡，但是您的電話一直都關機。」

聽到這裡，李老闆追悔莫及。想不到，因為自己在氣頭上的一句話，就造成了公司這麼大的損失。

李老闆因為自己的負面情緒而讓決策失去理性，最後事實證明，他的不理性決定是錯誤的，甚至帶來了嚴重的後果。由此可見，一個正確的決策需要一個好的情緒狀態，而一個壞的情緒狀態極有可能阻礙事情向前發展的勢頭。

一個成功者，並不是在人生道路上有多麼的一帆風順，也不是能力有多麼超群，而只是因為善於控制自己的心情，能在狂風暴雨中看到美麗的彩虹，甚至能在一敗塗地中看到美好的將來，並時刻保持一種良好的心理狀態，不為暫時的失敗而沮喪。

相反一個失敗者，也不是真的像自己所認為的那樣缺少機會，或者是資歷淺薄，甚至迷信老天無眼，給自己的保佑不夠多。很多時候，失敗的原因僅僅是不會控制自己的心情，任自己的負面情緒隨意放縱：遇事不順時，怒火中燒，殃及池魚；遭遇消沉時，借酒消愁，喪失鬥志，任自己的萎靡情緒放肆滋長，最後眼看成功與自己擦身而過；得意的時候，忘乎所以，夜郎自大，四面樹敵，給自己以後的發展道路增添了許多障礙。

總而言之，成敗得失都在於兩個字——心情。心情好，則事成；心情壞，則事敗。在這裡，牢記三個「不要」，是理性決策的護身符。

第一章　情緒調控─想掌握自己的命運，請先掌控自己的情緒

- 不要急於求成。事物的發展自有規律，如果你妄想揠苗助長，一夜花開，那只是為失敗埋下地雷，總有一天地雷會爆炸。
- 不要在氣急敗壞時做決策。因為人的錯誤一般是由感性而引發的，這種情況下你會失去本該爭取的利益，最後敗於感性之下。
- 不要在得意時忘形。不要在得意時做任何決定，而要在正常心態下來決定事情。得意容易忘形，忘形的時候自身的餘地就會減少，失敗的機率就會增加。

> 【情緒調節】
>
> 　　一個人的成功來自不斷做出的正確決策，而讓你失敗的就可能只是一個負面情緒帶來的不理性的決定。而這個不理性的決定就會讓之前辛辛苦苦累積下來的成功變成一堆瓦礫。何不現在就開始控制情緒，避免任何一個可能為你帶來失敗的負面情緒？

5・深思熟慮後再採取行動

做事的成敗，往往取決於你的反應，千萬不要急躁不安、草率行事。在許多場合，如果你能多加考慮，你常常會發現解決這個問題還有更好的方法。一個成熟的人，思考得會更多、更全面。在對待問題時「三思而後行」，理智地做事，往往能收到理想的效果。

有一天，可可的爸爸發現，他口袋裡少了一張100元鈔票，遍尋不著，因為這個事情他還和店裡的員工吵了一架。

回到家以後，他發現女兒的衣服口袋裡有100元，於是不容分說地對著可可「啪啪」打了兩巴掌，並且生氣地說：「這麼小就會偷錢，害我剛才還跟店員吵了一架。」

可可原本白白的小臉頰頓時紅了起來，痛得嚎啕大哭。媽媽聽到哭聲，急忙跑來，問清原因後對爸爸說：「那100塊錢是你昨天晚上喝醉了以後拿給可可的，可可不要，你就塞進了她的衣服口袋裡。」

這時候，可可的爸爸才意識到自己的魯莽，他不好意思地承認了自己的錯誤。可是，一切都晚了，可可的嘴角出血了。到醫院檢查後，醫生告訴他們：「可可的耳膜破裂，一隻耳朵全聾，另一隻耳朵半聾！」

可可的爸爸幾乎不敢相信，這麼可愛健康的孩子居然聾了。他為自己粗魯的「無心之過」懊悔不已，萬分自責，他沒想到自己因為一時衝動竟然把女兒打得耳聾了。

第一章　情緒調控－想掌握自己的命運,請先掌控自己的情緒

　　無辜的可可為爸爸衝動的行為付出了代價,而爸爸也將為自己過激的反應而承受一輩子的自責和內疚。如果爸爸能夠多想想,回憶一下,那女兒也就不會變成這樣。一個人經過深思熟慮,他的行動更能給人成熟穩重的感覺,最重要的是,思考之後的行動更加能讓你明白這樣做有什麼必要,是不是對的,會不會帶來什麼嚴重的後果。

　　每一個成功的人都會把自己的情緒控制在一個範圍之內,給自己足夠的時間和空間思考,而不是盲目地做出反應。因為他們知道,任何一個決定或是反應都可能影響事情的成敗,盲目做出的決定也許會有成功的可能性,但成功不是偶然,所以不要把成功寄希望於一個偶然的反應,只有經過深思熟慮才能最大限度地避免失敗。

　　也只有深思熟慮的反應才能更大程度地避免悲劇的發生,避免任何一個不幸的降臨。衝動不是一件好事,它就像是教唆你犯罪的惡魔,總有一天會讓你跌入萬劫不復的深淵。很多時候,過度的衝動會讓成功遠離你。要想獲得成功,如何做到深思熟慮就變得至關重要。

(1) 多學習,做到修養身心

　　加強自我思想的修養和文化知識的學習,從源頭著手,把衝動扼殺在搖籃裡。一個人的知識越豐富,那麼他的道德自我意識就越完善,克制情緒衝動的能力也就越強。多讀書,讀好

書，不斷用知識充實自己的頭腦，使自己認識問題更加深刻，處理問題更加理智。

(2) 多忍耐，給自己一個緩衝的時間

很多時候並不需要你馬上做出反應，記住，多給自己一點時間思考，把憤怒化解，把誤會解開，把可能傷害到人的事情避免，這才是成功之道。

(3) 假設後果，假設一些嚴重後果來提醒自己要多考慮

當你就要破口大罵的時候，想想這樣做以後會給自己帶來什麼後果，也許你這樣一個思考就改變了你的前途。忍耐並不是懦弱，而是在尋找更好的方法解決問題。

【情緒調節】

忍一時風平浪靜，忍不是你不夠勇敢，而是表現你的成熟。只有成熟的人才能做到深思熟慮，只有成熟的人才會得到更多人的信任，也只有成熟的人才能獲得成功。深思熟慮做出的反應能提供成功安全的保證，避免失敗的侵擾。

第一章　情緒調控—想掌握自己的命運，請先掌控自己的情緒

6・幸福生活離不開正向情緒

　　華盛頓說過：「一切的和諧與平衡，健康與健美，成功與幸福，都是由樂觀與希望的向上心理產生與造成的。」

　　在紛繁複雜的生活中，或許我們曾經迷惘，曾經失落，曾經憤怒，曾經怨恨……而事情的結果往往也是不堪回首的。想要一個幸福的生活，沒有失望，沒有憂傷，這看起來似乎很難，其實一切根源都在於你的情緒。正向情緒自然會為你帶來幸福生活。

　　有這樣一個女孩，她生性樂觀積極，也很懂得生活，更知道要如何排解自己的不快。清晨醒來，她會對鏡中的自己大聲說：「今天是個好日子。」即使昨天的負面情緒尚未恢復，她還是會這樣大聲地說。

　　然後她刷著牙，想著刷牙是一件非常令人愉快的事，牙齒將變得潔白乾淨，不會受到蛀蟲的侵襲，口氣清新。

　　洗臉也是一件非常愉快的事，因為清水的溼潤，會使皮膚感到無比舒暢。這都使她的腦細胞感到無比歡快。

　　她把身邊的每一件小事都想像成美好愉快的享受，永遠用積極快樂的心態去看待生活，這就是她擁有幸福的祕訣，永遠有一個正向情緒。

　　有些人一生追求幸福生活，卻總是不快樂，女孩的態度是否給了你一點啟示呢？所謂的幸福不是家財萬貫，不是叱吒風雲，而是擁有一個好心情，有了這麼一個大寶藏，就算生活拮

027

据，就算有些不如意，也可以一樣幸福快樂。

幸福其實可以很簡單，只是許多時候我們刻意使生活變得複雜。疲憊時聽一段自己喜歡的旋律，陪著家人散散步，或者陪著孩子看一部他喜歡的卡通片，你會發現原來如此不經意的事物，也流淌著幸福的氣息。

不同的情緒會呈現不同的世界，這兩個世界的人的情緒完全不同：一個世界的人只看到黑暗和悲傷；而另一個世界的人看到的卻是生活所給予他們的一點一滴的快樂，在他們眼裡，一切平凡的事情都會變得美好，風雨過後總會有彩虹，黑暗過後就會有黎明。這也是為什麼第二種人生活得更加幸福。

可見，不同的情緒、不同的看法會對生活產生不同的影響。一個人對生活的看法會決定他的一生，甚至能決定一個人的成敗，正向情緒自然會為你帶來更多的機遇和好運，而負面情緒則會一直阻礙你獲得成功，讓你終日生活在悲傷中。

那麼我們應該怎樣在紛繁複雜的生活中修練出自己的正向情緒呢？

(1) 培養積極的思維方式

有位心理學專家說：「努力對別人感興趣吧！這樣你不但會讓對方高興，而且能使你從消極的情緒中解脫出來。」積極的思維方式具有化腐朽為神奇的作用。相關實驗顯示，那些在絕境中依舊積極樂觀，甚至能夠開玩笑的人，比那些消極脆弱，只

第一章　情緒調控—想掌握自己的命運,請先掌控自己的情緒

知道哭泣的人更容易擺脫困境。所以在困境中,微笑比哭泣更能解決問題。

(2) 學會讓負面情緒變成前進的助力

可以把不好的情緒轉化為對自己有利的動力,就像上面例子中的女孩一樣,把每一件事都當作正向情緒的開始。也許今天陰雨綿綿,這時候你就可以和自己說:「今天皮膚有點乾,這種天氣正好可以為我的皮膚補水。」簡單的轉換就能獲得好心情,何樂而不為呢?

(3) 走進大自然,讓情緒得到放鬆和緩解

古人一直強調「天人合一」,這其實是在教我們親近自然,在享受自然的同時把心情放鬆。瑜伽老師也鼓勵人們到戶外空氣清新的地方練習,這樣效果更好。當你受不了城市壓力的時候就主動走進自然,讓情緒也呼吸一些清新的空氣。

【情緒調節】

一個善於控制自己感情的人會經常修練自己的情緒,從鍛造情緒的過程中發現一種愜意、暢達的感覺,從而提升自己的修養,感受幸福的生活。幸福的生活不在別人手中,不在別人口中,而在自己的心中。相信正向情緒會為你帶來好生活,不斷地獲取好心情,才是你幸福生活的保證。

7・心情愉快，健康常在

曾經看過這樣一首詩：你要是心情愉快，健康就會常在；你要是心境開朗，眼前就是一片光明；你要是經常知足，就會感到幸福；你要是不計較名利，就會感到一切如意。好心情能給人精神力量，彌補身體的缺憾，增添生命的意義。

英國科學家法拉第年輕時身體較差，加上工作緊張，用腦過度，身體十分虛弱，多方求治也不見效。後來，一位名醫替他進行了檢查，這位醫生並沒有開藥給他，只送了一句話：「一個小丑進城，勝過一打醫生。」法拉第細細品味這句諺語，悟出了其中的奧妙。

從此，他經常抽空去看馬戲和喜劇。精采的表演總是令他開懷大笑。他還到野外和海邊度假，調劑生活，經常保持愉快的情緒。久而久之，法拉第的身體就逐漸康復了。

就像故事中的醫生說的那樣：「一個小丑進城，勝過一打醫生。」所謂怒傷肝，思傷脾，憂傷肺，恐傷腎。消極苦惱的情緒會給予人負面影響，誘發各種疾病，而笑一笑，讓自己心情好起來就能健康起來。

一份好心情就會給我們更多正面的刺激，讓我們保持積極樂觀的情緒狀態。有了好心態，凡事都會看得開、想得透，即使遇到病魔的攻擊也能撐得住，這樣一來就能永遠與健康為伴，遠離疾病的侵襲。

第一章　情緒調控─想掌握自己的命運，請先掌控自己的情緒

好心情既然如此重要，那麼怎樣擁有一份不錯的心情，讓積極樂觀伴隨我們左右呢？

- 運動。美國專家發現，運動在人體內引起的生理變化對人的精神狀態會產生有益的影響。晨跑、騎腳踏車、競走、游泳是最佳的方式，它們能提高心血管功能，改善循環。健美操、韻律操也是讓身體年輕健康的有效手段。

- 音樂。用音樂輔助治療。醫師經常會建議病人首先選擇與他們心情相吻合的樂曲，然後漸漸改變旋律使心情也隨之變化。消極的時候可以聽一些激昂的音樂，悲傷的時候可以讓一些歡快的旋律陪伴你。

- 飲食。富含糖分的食物具有類似鎮靜劑的功能，美國心理學家證實，適量糖分能透過刺激腦細胞使機體趨向平和寧靜的狀態。

- 陽光。眾所周知，一些人在冬天的時候會感到憂鬱，其實主要原因是冬天的陽光照射少於其他季節。憂鬱的時候可以走出家門，接受陽光的照射，讓陽光把那些陰暗潮溼的地方變得燦爛、鮮豔。

上篇　情緒調節─修練你的 EQ

【情緒調節】

　　笑一笑，十年少；愁一愁，白了頭。在人生這漫長的幾十年裡，難免會遇到很多不如意的事，讓我們產生煩惱、痛苦、憂傷、失望、憤怒等各種消極的情緒，而這些情緒會影響我們的身體健康。但只要找到合適的方法和途徑，合理地宣洩，就能消除不良情緒，重拾一份好心情，還我們一個健康的身體。

8・正向情緒緣於自我管理

一個懂得自我管理的人在受到挫折時不會垂頭喪氣,在成功時不會趾高氣揚,在衝動時不會橫衝直撞。為什麼自我管理有如此神奇的魅力?因為良好的自我管理能培養出一個好的情緒,而正向情緒又可以幫助自己管理好行為,由此形成了一個良性循環,不斷地促進自身的進步和成長。

小王是一個工作能力很強的人,但是從小他就有一個壞毛病,就是遇到不順心的事就喜歡摔東西。

一次,小王拿著自己辛辛苦苦弄好的企劃書去給客戶看,結果客戶不但不滿意,還挑了一大堆毛病。小王回來以後生氣地把企劃書往桌上一摔,然後又拿起別的東西重重地摔了幾下,弄得整個辦公室的人都看著他。

第二天,小王就收到了一封解僱信。當小王生氣地問老闆怎麼回事時,老闆說:「我不能讓一個連自己情緒都管理不好的人來接觸我的客戶。」

大家都會遇到一些不順心的事,但能不能合理地發洩、管理這些負面情緒就變得很重要,因為這直接反映出一個人的素養高低。小王面對負面情緒,選擇了一種極不恰當的方式來發洩,這展現出他不善於情緒的自我管理,放任情緒肆意破壞事情的發展。

上篇　情緒調節—修練你的 EQ

　　一個能管理好自己情緒的人當然就能獲得更多成功的機會，能得到更多人的青睞。

　　艾達是某品牌化妝品的售貨員，有一天她遇到一位女士。這位女士非常挑剔，艾達已經為她推薦了好幾款化妝品了，但是她不是嫌太貴，就是覺得不夠好，最後她竟然開始咒罵艾達：「小姐，作為一個售貨員，妳太不專業了，不能為顧客挑選到合適的東西，這是妳嚴重的過失。」

　　大家心裡都為艾達不平，以為艾達一定會狠狠地罵這個不講理的顧客一頓。但是艾達居然還是微笑著對這位女士說：「真是對不起，沒有為您挑選到合適的產品，不如您再把要求詳細說一說，我多為您推薦一些好嗎？」

　　幾天以後，艾達被升為這個化妝品公司的部門經理，原來那天那個難纏的女士是這個化妝品品牌公司的總經理。當總經理問艾達為什麼不生氣時，艾達說：「我當時真的很生氣，但是爭吵並不是發洩我負面情緒最好的辦法，所以我要管好它，不要讓它跑出來影響我的工作。」

　　其實每個人都會有一些負面情緒，這是正常的。但是一個心理健康的人不會否定自己情緒的存在，而是選擇合適的時間、地點來發洩自己的負面情緒，盡量把這個糟糕的情緒帶來的壞影響降到最低，這就是自我管理對控制情緒的重要性。

　　我們要成為自己的主人，善用情緒的價值和功能，而不是讓情緒左右我們的思想和行為，成為它的奴隸。那麼，如何進行自我管理呢？

第一章　情緒調控—想掌握自己的命運，請先掌控自己的情緒

(1) 我被什麼情緒包圍著

　　自我管理的第一步就是要能清楚地認識我們的情緒，並且接納我們的情緒。情緒是我們真實的感受，只有我們清楚理解自己的感受，才有機會掌控它們。不同的情緒會有不同的表現，所以不同的情緒也需要不同的辦法去管理，只有明確地知道它是什麼，才能想出辦法來應對，所謂知己知彼，才能百戰百勝。

(2) 我為什麼會有這種情緒

　　「我為什麼生氣，為什麼難過，為什麼失落？」太多的為什麼會矇蔽我們的眼睛，找出根源才能知道我們現在的反應是過度還是正常，找出病因才能對症下藥。

(3) 面對這些負面情緒我該怎麼辦

　　想想看，做什麼事情的時候你會忘記你的壞心情？也許是運動、獨處、聽音樂、到郊外走走、大哭一場、傾訴……不論是什麼方式，只要能改善你心情的辦法都是好辦法。

【情緒調節】

　　一個懂得自我管理情緒的人，會消除不良情緒，延續積極情緒，從而使自己保持好心態。心態好，遇到任何事情都能樂觀面對，自然天天都有一份好心情。有了這樣的情緒狀態，難事不難，往往一切都會盡在掌握中。

上篇　情緒調節─修練你的 EQ

第二章　情緒調節 ──
千萬別讓負面情緒綁架你

　　人是這個世界上最複雜的動物。高興的時候，你會手舞足蹈；憤怒的時候，你會咬牙切齒；憂心的時候，你會茶飯不思；悲傷的時候，你會痛心疾首。

　　情緒是與生俱來的東西，高興、悲傷不用別人教，天生就會。但是，恰當地表達自己的情緒，不讓負面情緒影響正常的生活，卻是透過後天學習得來的。不順心、不如意的時候，厄運當頭的時候，能夠調節自己的不良情緒，才可以理性決策、正確行動。

1・生活本身就是一種心情

很多人不知道生活該是什麼樣子的,其實心情就在為生活提供色彩。如果心情總是為生活提供灰色,那麼生活描繪出來的世界也是灰色的;如果努力讓心情五顏六色、燦爛斑斕,那麼你的生活也是豐富而光明的。

在一個星期六的早晨,一位牧師在準備布道,他的妻子出去買東西了。那天在下雨,他的小兒子吵鬧不休,令人煩躁。這位牧師在不快中拾起一本舊雜誌,一頁一頁地翻閱,直到翻到一幅色彩鮮豔的大圖畫──一幅世界地圖。他就從那本雜誌上撕下這一頁,再把它撕成了碎片,丟在起居室的地上,說道:

「小約翰,如果你能拼好這些碎片,我就給你2角5分錢。」

牧師以為這件事會使小約翰花費幾乎一上午的時間。但是不到10分鐘,就有人敲他的房門。原來,兒子完成了父親交代的任務。

「孩子,你怎麼把這件事做得這樣快?」牧師問道。

「啊,這很容易。」小約翰說,「在地圖的背面有一個人的照片,我就把這個人的照片拼到一起,然後把它翻過來。我想如果這個人是正確的,那麼,這個世界就是正確的。」

牧師微笑起來,給了他的兒子2角5分錢。「你也替我準備好了明天的演講詞。」他說,「如果一個人是正確的,他的世界也就會是正確的。」

第二章　情緒調節—千萬別讓負面情緒綁架你

如果你想改變你的生活，首先就應該改變你自己。如果你是正確的，你的生活也會是正確的。這就是心態積極者告訴你的祕訣。當你抱著積極的心態時，你在生活中遇到的那些困難在你面前勢必要低頭。

心情影響著你的行動，而行動又給你帶來不同的生活。悲觀的人，總是在行動上變得消極、遲緩、不情願，他們不是被生活打敗而是被自己打敗；樂觀的人呢，他們的行動總是表現得積極、享受、快樂，他們首先享受了自己的樂觀心態然後才能享受生活。悲觀的人總是認為不可能，樂觀的人總是認為沒有什麼不可能。

如果你總是感覺自己心情低落失望，那麼你的生活就是消極的；如果你總是覺得心情如陽光一樣明媚，那麼你的生活就是溫暖積極的。這就是心情為我們的生活施展的魔法。

心態決定一切，這是生活的哲理。擁有好心情，就是成功的保證，樂觀積極的心態可以指引我們向前的步伐。

【情緒調節】

人生就像天氣，不會每天都陽光明媚，它也會遭遇陰天、雨天、大雪、風暴。我們沒有辦法左右生活的軌跡，但是擁有一份好心情就能發現陰天也有美麗，風暴也能帶來意義。生活不缺少美好，而是缺少美好的心情。

上篇　情緒調節—修練你的 EQ

2・做情緒的調節師

　　一位哲人曾經說過：「一個人的心態就是一個人真正的主人，要麼你去駕馭生命，要麼是生命駕馭你，而你的心態將決定誰是坐騎，誰是騎師。」既然你是自己的主人，那麼你就要學會做情緒的調節師。

　　一個名叫維克多・弗蘭克的德國精神病博士，曾經在納粹集中營裡被關押了很多日子，飽受了納粹分子的凌辱和非人的對待。

　　弗蘭克曾經絕望過，因為這裡只有屠殺和血腥，沒有人性，沒有尊嚴。那些持槍的人，都是野獸，可以不眨眼地屠殺一位母親、兒童或者老人。

　　他時刻生活在恐懼中，這種對死的恐懼讓他感到一種巨大的情緒壓力。集中營裡，每天都有因此而發瘋的人。弗蘭克知道，如果不控制好自己的情緒，也難以逃脫精神失常的厄運。

　　有一次，弗蘭克隨著長長的隊伍到集中營的工地上去勞動。一路上，他產生了幻想：晚上能不能活著回來？是否能吃上晚餐？他的鞋帶斷了，能不能找到一根新的？這些幻想讓他感到厭倦和不安。於是，他強迫自己不再去想那些倒楣的事，而是刻意幻想自己正走在前去演講的路上，來到一間寬敞明亮的教室中，精神飽滿地在臺上發表演講。

　　他的臉上慢慢浮現出了笑容。

　　弗蘭克發現，這是久違的笑容，多年來，它從來沒有出現

第二章　情緒調節－千萬別讓負面情緒綁架你

過。當知道自己還會笑的時候，弗蘭克預感到，他不會死在集中營裡，他會活著走出這個地獄般的地方。

多年後，從集中營裡釋放出來時，弗蘭克看上去精神很好。他的朋友不相信，一個人在魔窟裡依然能保持年輕。

這就是心境的魔力。有時候，一個人的精神可以擊敗許多厄運。因為，對於人的生命而言，要存活，只要一簞食、一缽水足矣。但要活得精采，就需要有寬廣的心胸、百折不撓的意志和化解痛苦的智慧。

世上的事情，並不是老天對我們不公平，也不是造物主的失誤，完全在於我們如何想，如何看。尤其現在，大家的能力不相上下，技能差別不大，要獲得成功和幸福就要以心態論英雄，以心態論成敗。

不同的心態給我們帶來不同的結果，好的心態時刻為我們提供快樂，消極的心態就時刻為我們設定障礙。這就要我們做好自己情緒的調節師，應對生活中出現的各種意外。

怎麼調節情緒是一門藝術，不僅考驗我們的修養，還挑戰我們的智慧。找到好的調節辦法，就能戰勝情緒、駕馭情緒。

(1) 轉移情緒

人生的道路崎嶇不平，坎坎坷坷，難免有挫折和失誤，也少不了煩惱和苦悶。你不能時刻緬懷悲傷，而應該迅速把注意力轉移到別的方面去。比如碰到不順心的事情或與他人發生爭吵時，不妨暫時離開一下，換個環境也為自己換一個心情。這

樣很快就會把原來的不良情緒沖淡甚至趕走，從而重新恢復心情的平靜和穩定。

(2) 憧憬未來

未來總是會帶給人很多美好的遐想，它是我們生存與進步的動力。只有經常憧憬美好的未來，才能始終保持奮發進取的精神狀態。不管命運把自己拋向何方，都應該泰然處之，相信未來會更加美好。

(3) 發掘興趣

興趣是保持良好心理狀態的重要條件。人的興趣越廣泛，適應能力就越強，心理壓力就越小。比如：同樣是退休的人，有些人整天無所事事，而有些人則覺得輕鬆愉快，因為他們可以充分利用這些時間做一些自己年輕的時候喜歡做，但卻沒時間做的事。總之，興趣越廣泛，生活越豐富、越充實、越有活力。

(4) 好好傾訴

心情不快卻悶著不說會悶出病來，有了苦悶應學會向人傾訴。能把心中的苦處和盤倒給知心人從而得到安慰甚至幫助，心胸自然會像開啟了一扇門一樣明朗。

(5)「小看」名利

現實生活中有些人把名利看得很重，得隴望蜀，欲壑難填。有些人為了名利，不擇手段，一旦個人目的沒達到，便耿耿於懷，心事重重，一蹶不振。因此不要那麼斤斤計較，把名利看得那麼重，這樣才能維持心理平衡。

(6) 學做「失憶人」

在人生的旅途中，有時荊棘叢生，有時鋪滿鮮花。我們應進行精心的篩選，不能讓那些悲哀、淒涼、恐懼、憂慮、徬徨的心境困擾我們。對那些幸福、美好、快樂的往事要常常回憶，以便在心中泛起層層漣漪，激勵人們去開拓未來；而對那些不愉快的事情，諸多的煩惱則要盡量從頭腦中抹掉，切不可讓陰影籠罩心頭，失去前進的動力。

> **【情緒調節】**
>
> 調節情緒是一種控制情緒的技術，每個人都是一個情緒的調節師，只不過有些人成功地控制、調節情緒，而有些人則是被情緒調節和控制。學會調節情緒是你控制情緒的基礎，也是你跨向成功的一個臺階，走上去了你就是成功者，原地不動你就變成了失敗者。

3・接受生活中的不完美

歌德曾經說過:「十全十美是上天的尺度,而要達到十全十美這種願望,則是人類的尺度。」這個世界本來就不是完美的,完美是人自己主觀想像出來的,是美好的願望,但終究不是現實。

每個人的現實生活時時處處都有可能不完美,非要拿著想像去和現實碰撞,和完美計較,是自尋煩惱。

一位挑水夫,有兩個水桶,分別掛在扁擔的兩頭,其中一個桶子有裂縫,另一個則完好無缺。在每趟長途的挑運之後,完好無缺的桶子,總是能將滿滿一整桶水從溪邊送到主人家中,但是有裂縫的桶子到達主人家時,只剩下半桶水。

兩年來,挑水夫就這樣每天挑一桶半的水到主人家。當然,好桶子對自己能夠送滿整桶水感到很自豪。破桶子呢?對於自己的缺陷則非常羞愧,他為只能負起責任的一半,感到非常難過。

飽嘗了兩年失敗的苦楚,破桶子終於忍不住,在小溪旁對挑水夫說:「我很慚愧,必須向你道歉。」「為什麼呢?」挑水夫問道,「你為什麼覺得慚愧?」

「過去兩年,因為水從我這邊一路漏,我只能送半桶水到你主人家,我的缺陷,使你做了全部的工作,卻只收到一半的成果。」破桶子說。

挑水夫替破桶子感到難過，他充滿愛心地說：「在我們回到主人家的路上，我要你留意路旁盛開的花朵。」

果然，當他們走在山坡上，破桶子眼前一亮，看到繽紛的花朵，開滿路的一旁，沐浴在溫暖的陽光之下，這景象使它開心了很多。但是，走到小路的盡頭，它又難受了，因為一半的水又在路上漏掉了。

破桶子再次向挑水夫道歉。挑水夫溫和地說：「你有沒有注意到小路兩旁，只有你的那一邊有花，好桶子的那一邊卻沒有開花呢？我明白你有缺陷，因此我善加利用，在你那邊的路旁撒了花種，每次我從溪邊回來，你就替我澆了一路花。兩年來，這些美麗的花朵裝飾了主人的餐桌。如果你不是這個樣子，主人的桌上也沒有這麼好看的花朵了。」

木桶所犯的正是生活中的我們經常犯的錯誤，總希望自己是完美無缺的，盯住自己的缺陷不放，卻忽視了自己身上最具魅力的一面。

生活中大家無一例外都是不完美的人，但有些人卻活得輕鬆暢快、多采多姿。他們積極進取，為自己能做一點有意義的事情而開心，不求自己能有多大的成就。但他們很在意當下自己是不是享受了生活，懂得欣賞生活中的美好，也能包容生活中的那些不如意。他們用心觀察和體會現實的世界，追求的是自己內心的平靜和充實。他們是真正懂生活的人，只有這樣的人，才能享受人生的樂趣，也只有這樣的人才能專注於自己的事業數十年如一日，從而獲得成功。

上篇　情緒調節—修練你的 EQ

生活中的不完美恰恰是人生的最大魅力，因為不完美，所以總是想要做得更好；因為不完美，所以人們更能珍惜現在擁有的生活。正是生活中的不完美成就了人們追求完美的心，也因此出現了許多傑出的人。

如何追求完美才是正確的呢？那就是真正做到平常卻不消極、積極但不苛求。坦然接受生活中的不完美，並在這些不完美之中發現美、發現幸福才是生活告訴我們的幸福竅門。

幸福生活不在天涯海角，不在汪洋大海，以下五個簡單的法寶就能讓你找到最真實的幸福。

(1) 為自己的目標做一個彈簧

人的一生有起有落，我們不能保證總是向前走，總是走在正確的道路上，所以不要對自己太苛求，按照自己的能力制定目標，過度的苛求只會讓你陷入無法完成的焦慮中。

(2) 休息是為了走更長遠的路

人不是機器，不僅需要休息，而且需要很好的休息，休息好了才能有好心情，才能不斷應對生活中的不完美。

(3) 凡事往好的方面想

生活中的不順利是難免的，遇到什麼不順，你就要多想想這個不順能帶給你的經驗，這也是一種收穫。

(4) 學會比較

在你自信心不足的情況下，多往後看看那些不如你的人，然後再想想你的優勢，這樣，你的自信心會很快恢復。當然在你自信心增強的時候，也要向前看，畢竟這個世界每天都在突飛猛進不停地發展。

(5) 時刻發現完美

很多時候美就在我們眼前，只是我們太過於死板，認為鮮花只有完整的時候才是美的，其實「留得殘荷聽雨聲」又何嘗不是一種美。

【情緒調節】

人類歷史從古到今從來都沒有一個人是完美的，所以我們也沒必要刻意要求自己完美，而且我們也永遠都不會完美。做人不要因為不完美就灰心喪氣，不要因為不完美就不敢展示自己，不要因為不完美就不願和別人交流。要時刻告訴自己，不完美也是一種美。

4．千萬別跟自己計較

　　每個人都有自己的魅力和風采，沒必要一定要超過誰，一定要達到什麼標準。每一天能夠有自己的感悟與收穫，超過昨天的自己，這就是最好的。所以，每天都應提醒自己：別跟世界計較，更別跟自己計較。在不計較的狀態中，延展生活的快樂。

　　有一家豆漿店生意興隆，每次來早上都有很多人排隊。這一天，來了一位年輕女孩，大概 20 歲左右。窗口處幾個要外帶的顧客正排隊等著，那個女孩等得有點不耐煩了，就撥開人群衝到窗口連催三次，並且向一個服務員發牢騷：「憑什麼先替外帶的顧客準備啊？」服務員笑笑，說來吃飯的人實在太多了。

　　大約過了 5 分鐘，一位服務員端著油條和豆漿給女孩，一邊放下一邊說：「妳再趕時間也得慢慢來啊，人家要外帶的顧客特別急。」那個年輕的女孩毫不示弱地反駁道：「他們急，我上班就不急啊？」服務員沒再說什麼轉身就走了。

　　就在服務員轉身的一剎那，只聽見「砰」的一聲，很多客人被嚇了一跳，只見那個女孩把裝著油條的盤子朝桌子上用力一摔，油條和盤子散落一地……女孩氣呼呼地走了，只留給店裡的人們一個「雄糾糾氣昂昂」的背影。

　　服務員對這個女孩的急慢情有可原也好不應該也罷，都不重要了，女孩是餓著肚子走的，猜想再吃別的東西也沒有什麼胃口了，因為那可憐的胃被一肚子氣塞滿了。這豈不是跟自己過不去？這家店規定餐前付款，因此她摔的其實是自己的東西。

第二章　情緒調節－千萬別讓負面情緒綁架你

有時候不要和別人過不去，因為到最後只會是自己跟自己過不去，讓自己陷入一種悲傷的狀態中。就像那個女孩發脾氣走了，最後餓的是她，生氣的是她，讓人覺得無理取鬧的也是她。無意中她對自己製造了一個困境，讓自己深陷其中，痛苦不已，這又何必呢？

一個人的一生是豐富多彩的，在這個過程當中難免就會有些小挫折，有心情不好的時候。不管這種不好的心情是因何而起，都得給它一個終點，讓過去的成為過去，要善於把煩惱拋在腦後。凡事不論好與壞，愉快或痛苦，贊成或反對，正確還是錯誤，榮譽還是恥辱，都是來了又去，去了又來，去去來來，始終都會過去，都會畫上句號。這樣的世界才能擁有平衡，如果只有開始而沒有終點，那麼世界上的人都會因為壓力而崩潰。

人為什麼總是喜歡和自己過不去呢？其實只是因為人有太多的「想要」，太多的放不下，太看不慣自己。擁有一顆平常心才能放自己一條生路。

計較並不能夠幫你理性正確地處理事情，相反，它只會讓你越來越偏執。學會「不計較」才是讓生活幸福的途徑。每當你心裡又要和自己過不去的時候，就想想這 5 個「不」：

- 不喜歡的東西就說出來。說出來以後就不要再去想它，不要走進一個惡性循環 —— 越是不喜歡的東西越去注意它。
- 不為自己或是他人設定不合理的目標和要求。現在很多女孩子都想要苗條的身材，於是不管胖的還是瘦的，每天嚷

嚷著要減肥,不正常吃飯,吃多了一點就懊惱不已。這不是在和自己過不去是什麼呢?

- 不要總是希望有奇蹟發生。天上掉餡餅這樣的好事不會隨便發生在任何人身上,每件事的發生都有因果,你看得到別人的獲得不一定看得到他們艱辛的付出。
- 不要成為怨婦。抱怨不會有益於問題的解決,只會不停地暗示你生活的不幸。既然這樣為什麼不暗示自己過得很幸福呢?
- 不要與人攀比。她有 LV 包,我卻沒有;他可以升遷,我卻不能。看看自己,也許有一樣東西也是別人羨慕的。

【情緒調節】

所謂的不和自己計較就是要你時刻保持一顆快樂的心,不要為得不到而悲傷。把世界上的道理弄清楚了就會明白,這個世界不是你想怎樣就一定會按你的要求發展。不必去刻意地追求,該做什麼就做什麼,保持自己內心的快樂才是幸福的泉源。

5・走出誤會的死角

誤會是人往往在不了解、不信任、無理智、無耐心、缺少思考、沒能體諒對方、感情極為衝動的情況之下所發生的。誤會一開始就總是想到對方的不是。也正因為這樣，誤會越來越深，弄到不可收拾的地步。這樣不僅讓別人難過，而且在自己心裡留下一個死結。

1928年，英國利物浦一位名叫莫爾德的女士隻身移民紐約，把年僅4歲的兒子肯・麥克南留在英國，託付給親戚撫養。此後母子一直透過書信聯絡。1944年，麥克南報名參軍，直到二戰結束才光榮退役，回到利物浦定居。

但讓他耿耿於懷的是，無論是二戰期間還是此後的幾十年裡，他再沒有收到過母親一封信。麥克南就覺得自己被母親遺忘了。因此60年來，這段感情一直成為他心頭揮之不去的陰影。

出乎意料的是，一天麥克南突然接到荷蘭一家博物館的通知，稱他們在整理收藏品時，在一個布滿灰塵的盒子裡發現了一批二戰期間親友寫的信，其中幾封正是他的母親莫爾德女士在1944年寫的。其中一封信是這樣開頭的：「我親愛的兒子，真希望你現在和我在一起，我們就像是兩個陌生人，我唯一的兒子卻離我千里之遙……」麥克南這才明白，母親一直都在試圖與他取得聯絡，對於母子重逢更是望眼欲穿。

原來因為戰爭的關係，母子之間的通信被切斷了。而自己

卻一直誤會母親不愛自己,不想找到自己。這麼多年來,兒子一直被這種憂鬱的心情籠罩著,一直都不開心。而母親也一樣,1995 年,老太太抱著終生的遺憾撒手人寰,這封遲到 60 年的信也讓母子誤會一生。

因為誤會,一個母親帶著遺憾離開了人世,一個兒子留著自責在世上悲傷度日。一個誤會造成了一個讓人沒有辦法接受的遺憾。

誤會開始之前,總是在責怪,誤會解開之後,卻總是留下一個遺憾,甚至是永遠都沒有辦法彌補的遺憾。誤會總是會帶來憤怒、失望、自責等不好的情緒。

那麼,怎樣才能走出誤會的死角呢?

(1) 要保持清醒的頭腦

在現實生活中遇到問題、矛盾和誤解時,一定要冷靜思考。仔細理一下整個事件的前因後果,找出關鍵之所在,並努力去解決。如果百思不得其解,那麼可以找自己最信賴的人求證。

(2) 不能以小人之心,度君子之腹

有時問題、矛盾和誤解的產生,是因為人們往往把別人想得太壞,加之聽信一些壞人別有用心的鼓動而做出了錯誤的選擇。涉及自己的核心利益時,一定要平穩自己的心態,三思而後行,避免被一些別有用心的人利用,做出不利於自己的選擇。

(3) 要有容人之量

牙齒有時也會咬到舌頭。人和人的摩擦在所難免，關鍵在於我們如何去認識。有時候別人本意並沒有想去做對我們不利的事，而事實發生了，那麼我們首先要看看有沒有辦法來補救。人之初，性本善，何必把別人都想得那麼壞呢？重要的是要學會去溝通、去理解，要廣交朋友，最大限度地去包容別人，這樣事態才會向有利於自己的方向發展。絕不能意氣用事，自絕後路。

大千世界，紛繁人生，誰都可能誤會別人，誰也都可能被他人誤會。所以走出誤會的陷阱才能有一份好心情，一個幸福的人生。

> **【情緒調節】**
>
> 我們總是在抱怨為什麼會有這樣的誤會，但是只要你懂得控制自己的情緒，很多誤會就會不攻自破。正向情緒會化解誤會，讓你走出誤會的死角，笑看風雲，坦然面對。給自己內心一片平靜就不怕誤會的入侵。

上篇　情緒調節—修練你的 EQ

6・「裝」出你的好心情

　　英國小說家艾略特說過：「行為可以改變人生，正如人生應該決定行為一樣。」一個人如果總是想像自己進入某種情境，感受某種情緒，那麼這種情緒就會不知不覺地來到你身邊。所以，當我們煩惱不已的時候，「裝」出一份好心情，用微笑和積極來鼓勵自己，這會是一個戰勝煩惱非常好的方法。

　　小敏今年才 24 歲，但是在她臉上看不出屬於年輕人的青春活力，反而眉頭緊鎖，聲音低沉，萎靡不振。這種狀態維持了好幾天，這天，小敏和一位在公司大廈做保全的大叔一起乘坐電梯，大叔看了小敏幾眼說：「小姐，妳怎麼總是愁眉苦臉的，是有什麼不順心的事嗎？」

　　小敏敷衍地說：「沒什麼，心情不好而已。」

　　大叔哈哈大笑起來，說：「我以為是什麼大問題，我來教妳一個辦法，保證妳以後心情很好。以後不管妳遇到什麼難事，妳都告訴自己，很開心啊！然後大笑三聲。」小敏將信將疑地看著大叔。

　　小敏下班回家，想要好好休息一下，誰知道她的小姪子把自己的房間弄得亂七八糟，甚至打翻了她最喜歡的香水，她剛要發火就想起電梯裡大叔教她的辦法，於是她大聲地對自己說：「很開心啊，哈哈哈！」剛開始的時候小敏覺得很奇怪，自己就像個神經病。但是這麼一笑，自己也沒那麼生氣了，反而覺得舒服了點。從那以後，只要有什麼不開心的事，她就會大笑三

聲。後來她終於明白了，一個人的好心情取決於最初的情緒選擇。哪怕心情不好的時候假裝一下好心情，也會弄假成真，與好心情結緣。

　　人生不可能是永遠快樂的，也找不到那麼多快樂，但是請不要陷入憂傷，學著放飛自己的心情。「裝」出來的心情就像是具有魔法的如意，只要你告訴它「我要好心情」，如意就一定會如你的願。

　　「裝」出好心情不是要你自欺欺人，而是要你學會控制自己的情緒。有時候我們的情緒就像一個茶杯，在它裝滿了負面情緒的時候，好心情自然就不能再進入這個茶杯。而裝出好心情就是把好心情倒進茶杯，占據情緒的茶杯，讓負面情緒不能再進入茶杯之中。就像我們常常逗淚眼汪汪的孩子說「笑一笑呀」，結果孩子勉強地笑了笑之後，很快就真的開心起來了。

　　面相學上說一個人烏雲蓋頂、印堂發黑，其實就是根據一個人情緒的好壞在臉上的表現推斷出來的。所以好的情緒不僅讓人擁有好心情，還能讓人擁有好運氣。想要「裝」出好心情，就要懂得如何釋放自己，放飛自己的心情。

　　當你失敗時，對自己說：「不要灰心，我還有機會！」當你失去心愛的東西時，對自己說：「不在乎天長地久，只在乎曾經擁有。」當你心情低落時，對自己說：「別傷心，別難過，周圍還有許多關心我的人，至少有他們與我攜手同過。」也許有人說，這不就是一種阿Q精神？人生中不如意的事情太多了，

如果阿Q精神可以幫我們盡快走出悲傷，那麼阿Q一點也無所謂了。

好心情要我們費一些功夫去經營，那麼我們應該怎樣「裝」出好心情呢？也許下面一些提示會讓你恍然大悟。

(1) 讓自己忙起來，不讓壞心情有地方生長

想到心情不好時心情就會不好，那就不用想它。如果還是想，那就讓自己忙起來，讓自己沒有空閒去想它，讓自己充實地過好每一分鐘。譬如，早上醒了以後不要賴床，鬧鐘響了就起床，忙起來，推開窗，呼吸清晨的新鮮空氣，放鬆全身，把自己想像成一個快樂的小天使⋯⋯

(2) 總是看到更多快樂的人

當你看到那麼多快樂的人，你是不是會覺得他們都那麼快樂？那為什麼你不能和他們一樣快樂呢？快樂可以互相傳染、分享，只要你願意去發掘快樂。

(3) 給自己一片淨土

閉上眼睛，刻意去想像一些恬靜美好的景物，如藍色的海水、金黃色的沙灘、朵朵白雲、高山流水等。

第二章　情緒調節─千萬別讓負面情緒綁架你

【情緒調節】

一個人，只要還有樂觀的嚮往，還有一份放飛的好心情，就會變成巨人，沒有什麼能擊倒他。只要你學會裝出「好心情」，就能時刻快樂，總是樂觀。「裝」出的好心情總是陪伴你一直站在風中，永遠微笑面對，直到你真正擁有一份好心情。

7・別把簡單的事情複雜化

簡單是一種智慧的境界和心態，將困難簡單化可以讓你充滿勇氣，讓你更加強大。在面對內心的複雜時，只有冷靜與平和才能讓複雜的事情變簡單。

一家有名的公司新蓋了一棟辦公大樓，各部門全部遷入後員工開始抱怨電梯的速度太慢。公司先後向兩家管理顧問公司求助。

第一家管理顧問公司找來大樓的設計師，一番詢問之後建議把電梯換掉，這至少得花150萬元，而且需要兩個月的時間，這樣會導致大量員工的工作陷入混亂，公司當然不同意。

第二家管理顧問公司在第一家公司的基礎上經過全面的研究和調查，認為問題不在電梯，而在於人的心理習慣，毋須對電梯做任何的改進，只要在電梯裡安裝一面鏡子即可。

公司最終採納了第二家公司的建議，顯然奏效，從此再也聽不到員工的抱怨了。問題為什麼變得如此簡單呢？因為找到了解決問題的關鍵：根據人們的習慣，安裝一面鏡子，便於人們在步入辦公室之前對著鏡子看看自己的形象，既提神又不耽誤正常時間。

另一則故事：

日本某知名化妝品公司收到客戶抱怨，買來的肥皂盒裡面是空的。於是，為了預防生產線再次發生這樣的事情，工程師

想盡辦法發明了一臺 X 光監視器去透視每一臺出貨的肥皂盒。同樣的問題也發生在另一家小公司，他們的解決方法是買一臺強力工業用電扇去吹每個肥皂盒，被吹走的便是沒放肥皂的空盒。同樣的事情，採用的是兩種截然不同的辦法，得到的卻是一樣的結果。

其實，世間的事情原本都是很簡單的，只是簡單的事情都被我們自己弄得複雜了。而大多數看似複雜的事情其實有很簡單的解決辦法，這些辦法被單純的我們在兒時用過，長大了反倒不會了。就像上面的故事一樣，其實簡單的辦法就能把看似複雜的問題解決。

許多人認為若是事情不夠繁複，便不足以顯示自己的過人之處。其實兜兜轉轉最後才發現原本的那條路很近，卻因為總是把問題複雜化而多走了一圈冤枉路。心情也是一樣，原本可以很簡單的快樂，我們卻喜歡附加更多的條件，最後弄得自己不快樂，這又是何必呢？

人還是簡單點好，遇到幽默的事情就開懷大笑，難過就痛哭一場。那麼我們應該怎樣把複雜的問題弄得簡單一些呢？

(1) 藉孩子的視角看問題

大人因為經過了太多的磨練，在看問題的時候沒有孩子那麼單純。有時候偏偏是孩子單純的看法能夠在困境中找到出路。就像孩子覺得要區分水和酒就聞一聞，要區分鹽和糖只要嘗一嘗一樣，何必經過什麼複雜的步驟呢？

(2) 把煩瑣累贅一刀砍掉，讓事情保持簡單

歐洲有一種說法叫「奧坎剃刀」（novacula Occami），就是提倡人們把問題簡單化。心情也需要用「奧坎剃刀」剃一下。把沒有必要的情緒踢走，你就會發現人生其實很簡單，幸福其實離你也並不遠。

(3) 1 加 1 就是等於 2

不要把任何一件簡單的事情想得太複雜，時刻告訴自己，我的心情就是「1 加 1 等於 2」這麼簡單，拒絕任何會把你心情變複雜的方法。

【情緒調節】

一叢簡單的草，用最簡單的心情，等候一冬，撐過冰雪，在三月的風裡挺直腰身，以熱切的表情和期盼的目光向春天報到。簡單的心情就是讓自己過得單純，高興了就笑，難過了就哭，沒有必要總是要在自己的簡單情緒貼上複雜的標籤，越簡單越會讓人感到快樂。

8・學會克制自己

歌德說:「誰無法克制自己,他就永遠是個奴隸。」我們的生活就在不斷詮釋這個道理——善於克制自己,才有可能走向成功,擁有完美無憾的人生。而克制不住激情和欲望的魔力,被它們所牽制,隨其流而揚其波,不但難以成就事業,甚至會走向自取滅亡的可悲境地。

一個商人需要一個助理,他在商店的窗戶上貼了一張獨特的廣告:「應徵一個能自我克制的男士。每星期40美元,合適者可以拿60美元。」「自我克制」這個術語引起了爭論,自然也引來了眾多求職者。

每個求職者都要經過一個特別的考試。卡特也來應徵,他忐忑地等待著,終於,該他出場了。

「能閱讀嗎?」

「能,先生。」

「你能讀一讀這一段嗎?」他把一張報紙放在卡特的面前。

「可以,先生。」

「你能一刻不停頓地朗讀嗎?」

「可以,先生。」

「很好,跟我來。」商人把卡特帶到他的私人辦公室,然後把門關上。他把這張報紙送到卡特手上,上面印著卡特答應不停頓地讀完的那一段文字。

閱讀剛一開始,商人就放出6隻可愛的小狗,小狗跑到卡

特的腳邊。這太過分了。許多應徵者都因經受不住誘惑要看看美麗的小狗,視線離開了閱讀資料,因此遭到淘汰。但是,卡特始終沒有忘記自己的角色,在排在他前面的70個人失敗之後,他不受誘惑一口氣讀完了資料。

商人很高興,他問卡特:「你在讀書的時候沒有注意到你腳邊的小狗嗎?」卡特答道:「對,先生。」

「我想你應該知道牠們的存在,對嗎?」

「對,先生。」

「那麼,為什麼你不看一看牠們?」

「因為我告訴過你我要不停頓地讀完這一段。」

「你總是遵守你的諾言嗎?」

「的確是,我總是努力地去做,先生。」

商人在辦公室裡來回走著,突然高興地說道:「你就是我想要的人。」

人吃五穀雜糧,七情六欲天生附體,因而,易於產生放縱之心而失去理智。於是,在人的靈魂和肉體裡,便多出一種不可或缺的主宰力量──克制力。

人之區別於動物很重要的一點就是人有克制力。這種克制力大大超出了動物的本性。在很多時候,人與人的差別,正是展現在克制力上。

相傳,儀狄造酒獻給大禹,大禹嘗了之後認為味道很好,感嘆道:「後世一定有因為縱酒而亡國的啊!」於是他疏遠了儀狄,從此不再飲酒。而後世的事實證明了大禹預見的準確性,

的確有許多君主因為縱情於酒色而亡國。大禹「杜酒防微」之舉,正是自我克制的絕佳範例。

每個人在走向成功的道路上,都可能遇到形形色色的誘惑,閃現出本能的貪欲。如何消除貪欲之心,免去貪欲之害?只有克制。「事能知足心常泰,人到無求品自高。」老子也曾說「見欲而止為德」。如若克制不住自己,貪欲甚至可能帶來牢獄之災,這就是「一念之欲不能制,而禍流於滔天」的道理。

因為人的欲望無窮期,所以克制自己,並非易事。只有常懷律己之心,常思貪欲之害,不該自己管的事不插手,不該自己拿的東西不伸手,始終保持一顆平常心、平民心、好人心,如此這般,才能克制欲望的紛擾,心胸坦蕩地走好人生之路。

克制自己,就是完善自己、成就自己。怎樣才能成功地克制自己呢?

- 當你生氣或難過的時候,你可以選擇離開,然後去做你喜歡的運動,讓自己冷靜下來並且有發洩的機會。當你冷靜下來的時候,頭腦就會比較清醒,到時候再慢慢去處理自己的情緒。記得要好好去處理而不是逃避或擱置在一旁。
- 有時候壞心情的到來是因為我們的負面想法所造成的,所以當心情不好的時候,我們可以試著轉換一下自己的想法,多做一些正面的思考,這樣或許就可以減少自己的負面情緒。

上篇　情緒調節─修練你的 EQ

- 當你很生一個人的氣時，你用平靜的語氣說出來並且跟當事人好好地談談，這也是一個處理情緒的好方法。跟對方說說你為什麼生氣，有什麼解決的方法，也許會更融洽地解決問題。

【情緒調節】

　　負面情緒是一把利刃，一不小心就會對自己造成傷害。但是只要你學會克制它，就如同學會如何利用這把利刃一樣，最後會把它變成你成功的武器。成功不是只靠能力，有時候適當的自我克制也是成功的一大法寶。

第三章　情緒轉移 ──
狀態不好的時候換件事來做

　　喜、怒、憂、思、悲、恐、驚，乃是人之常情。但是，碰上心情糟糕、狀態不好的時候，做什麼事都會無頭緒。這時候，你要善於轉移情緒，透過疏導保持一份良好的心境。掌握了這種「移情大法」，你才能變得更成熟，避免敗走麥城。

上篇　情緒調節—修練你的 EQ

1・做人不鑽牛角尖

　　人生不如意事十之八九。我們能掌握的事情其實非常少，但是我們可以靈活地掌握自己的心情和方向，換來柳暗花明。愛鑽牛角尖的人只會在人生的路上受阻，我們為什麼不試著放鬆心情？如果能抱著「車到山前必有路」的心態面對問題，這樣的人生會更加輕鬆和有趣。

　　小晴和男朋友在一起 4 年了，就在他們快要結婚的時候，男友忽然和小晴提出分手，因為他愛上了小晴的好朋友。小晴很傷心，她用了很多方法想要分開他們兩個。她曾去找她的好朋友，求她、罵她，甚至還打了那個女孩一巴掌。

　　她也去苦苦哀求男朋友，找了男朋友的家人。可是這些都沒有用，朋友們都勸她放棄吧，不要為了男朋友讓自己失去尊嚴。但小晴什麼都聽不進去。

　　她每天躲在男友家樓下，等著看男友一面。有一次她看到男友溫柔地摟著那個女孩，為她遮雨。那一刻，小晴徹底崩潰了，男友從來沒有這麼溫柔地對待過自己。

　　回到家以後，她越想越覺得難過，於是就割腕自殺了。幸好，小晴的媽媽及時發現，把她送到了醫院。

　　她醒來以後，還是哭著鬧著要自殺。隔壁床的一個老奶奶說：「小妹妹，為什麼那麼想不開呢？其實人一輩子就那麼幾十年，沒有什麼是過不去的坎，做人何必一直鑽牛角尖呢？妳看妳媽媽，這幾天她為妳忙裡忙外，整整兩天沒有闔眼。」

第三章　情緒轉移─狀態不好的時候換件事來做

小晴看著媽媽疲憊的身影，終於想開了，沒有什麼是過不去的，她只是沒有了男朋友，還有朋友還有家人呢。

出院以後，她又逐漸變回了以前那個開朗、活潑的小晴了。

小晴因為失戀而自殺，放棄自己的生命，這不就是在鑽牛角尖嗎？人不可能永遠一帆風順，無論是在感情還是事業上，都要經歷一些波折，但是因為這些波折就自殺是不是太不值得了呢？生活中很多事情是我們的力量沒有辦法達到的，這個時候就不要過於強求。失眠、抑鬱、絕望、焦慮都是自己加在自己身上的枷鎖。相反，能夠抱著輕鬆的心情向前走的人能夠享受到更美的風景，遇到一個更好的人。

當然，對自己有高要求也是無可厚非的，畢竟人人都想做得更好，但是無論什麼事，都需要有一個尺度，太過了也會阻礙事情的成功。時刻告訴自己：做一件事只要我們盡力了，就沒有必要刻意為難自己，只要自己盡力了那就問心無愧。

跳出死胡同，讓自己心胸開闊，才能避免自己鑽牛角尖的狀態。好的狀態需要自己調節，那麼怎麼做才能保證自己不鑽牛角尖呢？

(1) 朝著相反的方向前進

既然鑽牛角尖是做事從一個角度出發，那克服的方法就是多角度思維，注意培養自己思考方式的多元化。考慮周全就需要具備全面的知識，只有我們對事物的背景數據了解多了，才有可能找到一條解決它的最佳途徑。

(2) 打破思維定勢

打破自己的思維定勢，讓自己僵化的腦筋多轉幾個彎，不要局限在固定模式中走不出來。

(3) 轉移自己的注意力

對於有些事不要太過於苛刻地思考，可以換個角度或者多詢問別人的意見。可以等過一段時間心情好的時候再想那些事。

【情緒調節】

走進牛角尖的人把自己裝進一個黑暗狹窄的空間裡，這個時候你眼前的世界都是黑色，但是人生應該是由很多鮮豔的顏色來組成。放開你的視野，放開你的胸懷，每天給自己一個微笑，一點積極的心態，跳出牛角尖才能發現更多美麗的風景。

第三章　情緒轉移─狀態不好的時候換件事來做

2・累了就先放下手頭的工作

　　人類本能的心理需求之一就是希望透過勞動實現自我價值，不斷地接受適度的挑戰來給自己成就感。但是把自己像橡皮筋一樣繃緊並不能取得好成績，只會讓你越來越疲憊。身心疲憊的時候，不妨暫時放下工作，給自己一個休息的時間和空間，積蓄能量才能獲得成功。

　　以前曾經聽說過這樣一件奇怪的事情。浩瀚無垠的大西洋海面上空，出現了一個龐大的鳥群。數以萬計的海鳥在天空中啾啾地盤旋，並不斷發出震耳欲聾的鳴叫。

　　更為令人驚詫的是，許多鳥在耗盡了全部體力以後，義無反顧地投入茫茫大海，海面上不斷激起陣陣水花……

　　原來，這些海鳥葬身的地方，很久以前曾經是一個小島。對於來自世界各地的候鳥們來說，這個小島是牠們遷徙途中的一個落腳點，一個在浩瀚大海中不可缺少的「安全島」，一個在牠們極度疲倦的時候可以棲息的地方。

　　然而，在一次地震中，這個無名小島沉入大海，永遠地消失了。遷徙途中的候鳥們仍然一如既往地飛到這裡，希望稍作休息，擺脫長途跋涉後的疲憊，積蓄力量開始新的征途。

　　但是，在茫茫的大海上，牠們卻再也無法找到牠們寄予厚望的那個小島了。早已精疲力竭的鳥兒們只能無奈地在曾經的「安全島」上空盤旋鳴叫，盼望著奇蹟的出現。當牠們終於絕望

上篇　情緒調節—修練你的 EQ

的時候，全身最後一點力氣已經消耗殆盡，只能將自己的身軀化為汪洋大海中的點點白浪。

　　和這些鳥一樣，在緊張忙碌的生活中，每個人都會有身心疲憊的時候，每個人都需要一個棲息的地方。但不要像那些海鳥一樣，等到精疲力盡的時候，面對已經沉沒的「島嶼」，無助地將自己的生命斷送在無底的深淵。

　　看看現在的人們，下班越來越晚，心裡的壓力越來越大，無休止地加班，身體偶爾會有一些不適，心情無緣無故地煩躁。這些都在告誡累了的人們應該休息了。夜深人靜的時候，也許你想明天要請個假，好好在家休息一天，但是天亮以後，新的任務又催促自己趕緊上陣，於是又開始了一個新的循環。

　　一次又一次的循環讓已經疲憊不堪的人們周而復始地運作。機器都會出現故障，何況是血肉之軀的人呢？

　　累了就讓自己休息，過度勉強自己超負荷地工作，並不會讓自己的工作效率有所提高，疲憊的心靈和身體會變成拖著你原地踏步的元凶。你工作不好、生活不好，然後身體健康就開始亮起紅燈，一切都變成你恐懼的樣子，並周而復始形成惡性循環。

　　面對問題，要解決它，就要找到問題的根源。到底是什麼原因讓我們疲於奔命呢？

(1) 不要過分追求完美

追求完美無可厚非,但是過分追求完美就會讓你處於緊張的狀態難以自拔,遇到任何一點小瑕疵就過度自責。人生本來就不是完美的,有一些缺陷也是正常的,如果一直執著於完美,無疑是給自己套上枷鎖,讓自己舉步維艱。

(2) 強迫自己從事情中抽身離開

很多時候不是不想放下工作,當工作形成一種慣性的時候,要放下談何容易呢?這個時候不如強迫自己出去走走,吃頓豐盛的飯。從這件事情和情緒中抽離出來,享受一下不一樣的東西,或許你的思路就開闊了,問題就會很容易解決。

(3) 把得失心放下

很多人總是希望自己可以得到更多的東西,從而忽略了身體和情緒上已經「超重」。眼光要長遠,不要因為眼前的一些小得失而讓自己的生活受到嚴重影響,那不就是撿了芝麻,丟了西瓜嗎?

就算是機器也需要適當地停下來保養一下,何況是人呢?累了就不要硬撐,休息之後才能有更好的效率。

上篇　情緒調節─修練你的 EQ

【情緒調節】

人不可能像一部機器一樣總是處於工作狀態，時間長了，你沒有了好的思維，也就沒有了好的心情，一點小事就會讓你煩躁不已。接下來又是壞心情，然後又煩躁不已。你的心情就陷入了一個惡性循環之中。這個時候只有放鬆休息，才能保證你的身體和思維一直充滿新鮮的養料。

3・情緒不好時轉移注意力

專注地想那些糟糕事,會陷入思維沉迷與情緒紊亂狀態,如果你將注意力轉移,對原來痛苦的體驗便會被阻隔。情緒的帆船需要自己來為它掌舵,在遇到負面情緒的時候,轉向另一個方向可以避免情緒觸礁,保持好的心情狀態。

一天,米爾頓的小兒子羅伯特生氣地回到家,他重重地把門摔上,對爸爸抱怨道:「傑克真是太討厭了,總是喜歡和我唱反調!」米爾頓看著兒子說:「哦,唱反調!聽說了嗎?最近流行唱反調,我想這種唱法不會流行太長時間。」

兒子奇怪地看著爸爸問:「爸爸,你居然還關心流行樂壇,我就很喜歡聽搖滾,不過傑克喜歡布蘭妮,他總說我聽的搖滾太吵了。」

米爾頓聽兒子這麼一說,就馬上轉身看著兒子說:「親愛的,你晚上會不會被吵醒?我這幾天一直在看午夜的電視節目,希望不要打擾到你休息才好。」

羅伯特認真地想了想說:「我確定沒有,因為我都不知道你看的什麼節目。我睡得很好,放心吧!對了,你都看什麼呢?」這個時候羅伯特的注意力被爸爸看的節目吸引過去了,完全把和傑克吵架的事情忘記了,於是他們開始討論什麼節目有意思。

吃晚飯的時候,羅伯特假裝生氣地對爸爸說:「你一直都在和我說別的事,我都忘了生傑克的氣了。」

上篇　情緒調節—修練你的 EQ

　　這個時候米爾頓笑著說：「親愛的，這不是很好嗎？我們可以隨時把負面情緒趕跑，不要讓壞心情一直困擾著我們。」

　　這個聰明的爸爸很輕易地就幫助兒子把壞心情給轉移走了。其實情緒只是很短暫的一個過程，但是如果我們總是把注意力放在它身上，那它會一直盤踞在我們心頭，好心情自然就不會出現了。用成本理論來計算的話，因為壞心情的盤踞已經讓我們很不舒服了，好心情又不能來到，那不是損失更多嗎？

　　當我們長時間把思維與注意力集中在那些給自己帶來不良情緒的事情上時，消極因素就會不斷累積，從而使我們鑽入思維與情緒的牛角尖。如果此時能夠想辦法把注意力從不良情緒轉移到其他事物、其他活動中去，讓新的思維占據大腦，這種不良情緒就會減弱甚至消失。

　　轉移注意力是一種非常有效的自我控制法，但是很多人並不真正理解要如何進行轉移。其實轉移注意力可以透過以下幾個途徑：

(1) 把注意力轉移到使自己感興趣的事情上去

　　例如散步、看電影、看電視、讀書、打球、聊天，這些讓人覺得輕鬆的事情可以在相當程度上轉移你的注意力。它不僅有效地中止了不良情緒的作用，防止不良情緒蔓延，還能夠透過參與新的活動特別是自己感興趣的活動而達到增強積極情緒的目的。

(2) 把注意力轉移到這件事的另一個方面去

即換一個角度看同一件事。同樣的一句話,在尋找討厭的理由時,這句話就是壞話,沒安好心;在尋找喜歡的理由時,這句話就是好話,肺腑之言。產生如此大差別的根源就在一個點上,就是你的注意力。所以,改變情緒最有效且最簡單的一種方法就是改變我們看這件事的角度。

(3) 透過吟詩來轉移注意力

據說在義大利的不少藥局裡,有些藥盒裡裝的不是藥,而是由心理學家及文學家共同設計選編的詩歌,患者透過大聲吟誦就能緩解疼痛。

(4) 數顏色

這也是一個不錯的轉移注意力的辦法。當你感到怒不可遏的時候,盡快停下手中的事情,獨自找一個沒有人的地方。首先,環顧四周的景物,然後在心裡自言自語:那是一面白色的牆壁,那是一張淺黃色的桌子,那是一把深色的椅子,那是一個綠色的檔案櫃……一直數到12,大約疏導30秒左右。透過這種辦法,可以把你的注意力從負面情緒中解脫出來,以免你在負面情緒裡越陷越深。

上篇　情緒調節─修練你的 EQ

【情緒調節】

不要為擁擠的交通焦躁，嘗試看看路邊的大樹、小草、行人，也許你會發現更多有趣的事情。沉浸在負面情緒中並不能讓你更好地解決問題，而轉移了注意力也許會給你更多的啟發以及更開闊的視角去看待這個世界。

第三章　情緒轉移─狀態不好的時候換件事來做

4・想想那些不如你的人

　　林肯曾說:「大部分的人在決心要變得幸福的時候,就會有那種幸福的感覺。」這個世界上能讓我們感到幸福的東西太多了,但是很多人總是在抱怨。如果我們能多想想那些不如自己的人,學會比較,了解到自己比上不足、比下有餘,就會時常感到幸福。

　　梅大姐所在的公司一直不景氣,最近為了節省開支,就把一批職員解僱了,梅大姐也在其中。因為一直找不到合適的工作,梅大姐變得越來越失意。女兒為了讓媽媽不那麼難過,就介紹媽媽到自己的公司做一名行政助理。梅大姐聽了非常生氣,她說,自己以前怎麼也是一個主管,怎麼能去做小職員呢?

　　從那以後,梅大姐越來越消沉了,她覺得自己再也不是以前那個自信的人了。從前愛漂亮的她現在每天穿著拖鞋和睡衣就出去買菜。以前總喜歡和鄰居聊天,現在卻總是悶在屋子裡看電視。

　　一天,她來到菜市場,發現這裡多了一家賣餅的小攤。老闆娘把自己整理得乾乾淨淨的,甚至還特別把自己打扮得漂亮一些。老闆娘是個健談的人,就和梅大姐攀談起來。

　　了解了梅大姐的事以後,老闆娘說:「其實這有什麼呢?妳看我,我以前就是一個工廠的主任,但是工廠倒閉了,我不得不賣起了燒餅。」

「妳不覺得自己很慘嗎？」梅大姐問道。老闆娘哈哈大笑起來，說：「有什麼慘的？很多人飯都吃不飽，我現在這樣算是好的了。」

梅大姐忽然覺得老闆娘說得對，自己並不是最慘的，並且有了一種重新上班的衝動。她馬上回家，找出最漂亮的衣服，到女兒的公司應徵了。

其實，在我們身邊不如我們幸福的人到處都是，我們並不是這個世界上最不幸的人。就像老闆娘一樣，失意的時候就想想「我現在這樣已經很不錯了，還有很多不如我的人，我該知足了」。這個世界不能滿足我們所有的需求，所以只要盡力就好，力不能及的就由它去吧！如果對生活充滿了抱怨，那是因為我們不知道更壞的情況是什麼樣子的。

幸福的人不會拿自己沒有的東西去和別人擁有的東西比較。恰恰相反，他們往往懂得滿足。不如意的時候想想：當人們談戀愛埋怨對方長相不好的時候，有些人卻在失戀；當人們因生活太平淡而對富人十分羨慕的時候，有些人卻因為沒有食物而餓死；當人們覺得自己收入沒有別人高的時候，有些人卻在為失業而奔波；當人們赤腳沒鞋穿的時候，是否看到雙足傷殘的人的出路？

其實，人們的艱辛在別人眼裡已是幸福。每次抱怨生活的時候就問問自己：「世界上也許有一半以上的人都是不如意的，但是大家還是照常地生活，為什麼我不能呢？」學會了正確地比較，才能在比較中找到自己的幸福。

比較讓人感受到幸福，但是不恰當的比較也會讓自己徒生悲傷。所以，正確地把幸福拿出來比較是很重要的。

(1) 看問題要全面

當你只看到別人取得成功而生出嫉妒心理的時候，是不是應該想想別人在成功之前付出了多少，有多少苦難和艱辛讓他們流淚？當你看到成功的全過程時，你也許就不會心理不平衡了。

(2) 永遠不要拿自己的不幸和別人的幸福比較

每個人都有屬於自己的個性和魅力，如果一味地羨慕別人的幸福，而忽略自己的優勢，你在自己眼裡永遠都是一個身心障礙者，總是有某些缺陷會讓你一直介懷，一直不快樂。

(3) 換個角度看世界

世界上的人不都是幸福的，有很多人並不富有，甚至遭受疾病的困擾，但是他們還是認為自己是幸福的，因為他們身邊或許有不離不棄的親人，他們或許有知足常樂的心態。站在陰影下自然看不到陽光。

上篇　情緒調節—修練你的 EQ

> **【情緒調節】**
>
> 　　人總是在得到一的時候想著二，得到二的時候想著三，需求總是無休無止地增加。如果我們學會多想想那些不如我們的人，用自己幸福的地方去和別人不幸福的地方比較，而不是總用別人的幸福來襯托自己的不幸，那麼幸福就已經來到你的身邊了。

第三章　情緒轉移─狀態不好的時候換件事來做

5・在等待中發現美

在人生的道路上，如果沒有耐心去等待成功的到來，那麼，只有用一生的時間去面對失敗。等待是生存的技能，是心理復原的良藥。要保持良好的心情，就要學會積極地等待，在等待中積蓄力量，在等待中磨練自己，在等待中尋覓機會。

小繆和小秦的女兒都讀國小三年級，因為學校離家遠，所以每天上學放學都要她們開車送女兒去學校。

每次去接孩子都會遇到塞車。小繆每次都很著急，甚至很暴躁，她甚至會重重地拍一下方向盤，而且不停地抱怨道：「馬路怎麼一直都這麼塞，還讓不讓人過去了，這怎麼走啊！走路都比開車快了！」女兒看著媽媽生氣的樣子，什麼話都不敢說。

而小秦則總是在塞車的時候輕鬆悠閒，要不就是和女兒聊天，要不就是看看窗外，她會發現一朵昨天還沒有開的黃色的小花，然後招呼女兒一起看。或者就是指著窗外說：「寶貝，妳看外面的那個年輕人多好玩，走路像跳舞一樣。」女兒也一直在尋找路邊有趣的事情和媽媽分享，母女倆其樂融融。

小秦常說：「焦急也沒用，還不如在塞車的時候看看不一樣的東西，心情也好很多，還能和女兒多交流呢！」

萬事俱備，只欠東風。但東風並不是每天都會來，更不能事先預約。在東風來臨之前，我們能做的就是少安毋躁，耐心等待。

上篇　情緒調節─修練你的 EQ

　　在漫長的人生旅途中，總有一段除了等待以外再也沒有任何辦法可以通過的階段。人的能力是有限的，總會碰到很多事情，因自己沒有能力解決而無可奈何。這個時候我們沒有必要痛苦不已，自責內疚，因為這些情緒在等待面前顯得蒼白無力。只有懷抱積極的態度來面對，我們才能更好地生存和發展。人生沒有過不去的坎，遇到不如意的事情，如果無法改變，我們就要暫時等待。

　　人生並非處處順利平坦，總會伴隨一些不幸、一些煩惱。無論遭遇到任何不測，我們都需要慢慢等待，畢竟，任何一種內心的平靜和醇厚的美酒一樣，都是需要時間的積澱才能享受的。

　　有些事情是不能等的，但有些事情是值得慢慢等的。學會等待，有些事情才能化解，某些感情才能釋懷，我們才能慢慢品味人生。

【情緒調節】

　　等待不是無所作為，而是為了有所作為。因此，我們必須放棄等待中無所事事的埋怨，學會積極地等待，學會用等待驅散黑暗，用等待走出逆境，用等待迎接命運的每一次挑戰。學會在等待中發現美，才能使人生不虛度。

第三章　情緒轉移—狀態不好的時候換件事來做

6・人要學會遺忘

　　命運從來不給人回頭的可能，如果我們錯過了、失去了，那就只能沿著自己選擇的那條路不回頭地走下去。要讓自己在這條路上走得開心、走得幸福，就要學會遺忘，遺忘掉那些痛苦和不幸，遺忘掉那些失去和遺憾，這樣你才能輕鬆地享受幸福。

　　小米早上一出門就把家裡的鑰匙鎖在屋裡了，到公司因為一個企劃書的問題無緣無故背了黑鍋，被上司罵了一頓，還說要扣他的薪資。吃飯的時候又被一個冒失的人撞倒了，把腳腕都摔腫了。

　　正當他和同事抱怨的時候，女朋友打電話對他發脾氣，還賭氣說要分手。這一天真是糟糕透了，他越想越生氣，一直到下班，他都沒辦法靜下來。於是他一個人到大街上閒逛，反正現在也沒辦法進家門。

　　他走到一家賣魚的店前面，看著這些魚在水裡游，又勾起了小時候和爸爸來買魚的回憶。那個時候多好啊，每天無憂無慮的。這個時候店主走過來說：「買條魚嗎？看著這些魚心情都會好一點。」小米奇怪地問店主：「為什麼看著牠們心情會好？牠們被關在魚缸裡出不來。」店主指著魚說：「你知道嗎？魚快樂是因為魚的記憶只有 7 秒，就是說 7 秒之後所有不快樂牠都忘記了，又有了新的開始。」

　　小米聽了心情忽然好了許多，他馬上買了 3 條魚，他想：

以後有什麼不開心的就和魚一樣,在 7 秒鐘內忘記,這樣就會像魚一樣快快樂樂的。

如果大家都能像魚一樣,把不開心的情緒在 7 秒之後都忘記了,那麼還會有那麼多不幸福、不快樂的人嗎?任何事過去了,就沒有再重溫的必要。我們的心理空間能有多大呢?背負太多的過往,就無法為未來留有一席之地。一味地沉醉於過去,總希望重溫舊夢,就是在扼殺將要擁有的未來。明天的燦爛一定能使你忘卻過往的痛苦,為什麼不給未來更多的空間,為它做更多的努力呢?

忘記是對過去痛苦的解脫。儘管忘記過去是十分困難的事情,但是,只要因為回憶過去發生的事情而損害了目前的生活,這種回憶就是在毫無意義地損害我們自己。如果學不會忘記,讓那些傷心事、煩惱事、無聊事永遠縈繞於心頭,在心中烙下永不褪色的印記,那就等於背上了沉重的包袱、無形的枷鎖,就會讓自己活得很累很苦。

忘記不是要你徹底失去對過去的記憶,而是要你真正做到放下。只有開啟自己的心結才能救贖生命。悲傷會成為過去,不幸也會成為過去,傷害也會成為過去,明天會是新的美麗的一天。

要擁有美麗的一天,最重要的是學會放下悲傷,遺忘痛苦。那麼如何隔斷負面記憶對情緒所形成的影響呢?

(1) 選擇好時機來回憶

選擇心情平靜的時候,回憶過去的經歷,從而獲得一個客觀的評價。選擇心平氣和的時候來回憶憤怒的記憶,這個時候充分的理性與理智的分析才能幫你看清過去,認清現實,掌握未來。

(2) 獲得新角度

培養積極的心境與積極的情緒狀態,從而獲得一個嶄新的看待問題的角度。對同一件事,不同的情緒狀態、不同的心境所引發的回憶會有很大不同。因此,轉變心境,培養積極的情緒狀態可以幫助你看清以前沒看清的東西。

(3) 換一個積極的環境

尋找一個恰當的新的情景、新的刺激來喚起更為積極的情緒體驗,讓積極的環境來給你一些刺激,使消極的心情變得積極,悲傷的情緒變得平靜。

【情緒調節】

如果我們總是在過去的歲月中遊蕩、停留,就會忘記向前方奔走,忘記對未來的追求。人生難免起起落落,錯綜複雜,難免悲傷絕望,所以記住,轉過身,就不要再回頭,當我們放下之後,就不要再拿起。

上篇　情緒調節—修練你的 EQ

第四章　情緒傳導 ──
別被他人的不良情緒左右

　　負面情緒就像瘟疫，一旦被傳染，你就會跟隨對方進入某種狀態，喪失理性思考的能力。比如：有人抱怨最近工作壓力大，市場環境惡化，你在不知不覺中就容易認同這種觀點，甚至對前景失去信心。因此，學會理性思考，別被他人的不良情緒左右，才能做一個有主見的人。

1・情緒很容易傳染

情緒一直潛伏在空氣之中,在你一不留神的情況下就偷偷溜進你的大腦。要學會對自己的精神負責,對自己的生活負責,對自己的笑容負責。心靈的天空如果被病毒入侵了,就不再是健康快樂的了,所以千萬不要輕易被負面情緒傳染了。

有這樣一個故事:某天傍晚,妻子下班路過菜市場,心情不錯,就順便買了一條魚回去做晚餐。不一會兒,她就把自己的拿手菜糖醋魚做好了,等丈夫和女兒回來吃飯。她想,丈夫最愛吃自己做的魚了,一定會很開心。

這時,門開了,丈夫回來了,她趕忙迎上去,誰知丈夫卻陰沉著一張臉,一聲不吭。她問道:「你怎麼啦?」丈夫把公事包往沙發上一扔,就走進房間去了。妻子心裡頓時非常不快,往沙發上一坐,又氣憤又後悔。她想:「我真是自作多情,還做什麼魚給他吃,看這態度,不像話!」

正生著氣,女兒回來了,一進門就興高采烈地喊:「我考上了,我考上了。」原來會考錄取名單放榜了,女兒考上了市區最好的高中,這可是近幾年來一家人最大的願望啊。一股喜悅油然從心底升起,妻子剛才的鬱悶一掃而光。丈夫也在房間裡聽到了,立刻奔了出來,滿面笑容,一家人沉浸在歡樂之中。

這只是生活中很普通的一個場景,前後不過幾分鐘,妻子和丈夫便歷經了情緒的起伏變化。妻子原本愉快的心情被丈夫

不好的情緒所傳染,丈夫可能是在工作上或下班途中遇到什麼不順心的事,就把負面情緒帶到家裡來了。當女兒傳來喜訊,夫婦二人立刻把剛才的不良情緒拋到九霄雲外去了,被女兒的心情所感化。

情緒是會傳染的,在人與人交往時尤其顯著,學會保持良好而穩定的情緒有益身心健康。我們切莫使自己的心被外界不良情緒所困擾,產生許多無謂的煩惱,要揚善避惡,使精神保持平靜祥和。

我們如果不善於控制好自己的情緒,任由不良情緒影響自己的行為,就會剝奪我們擁有幸福的權利。

當我們遇到別人生氣時,我們需要做的不是與他動粗,「以暴制暴」,而是用健康的情緒去感染他,轉移他的注意力,引導他產生愉快的心情。實驗證明,人們在相互交流接觸時,情緒會透過手勢、語言、眼神等方式傳遞給他人。我們如果能安撫別人的情緒,將自己的快樂傳播給他人,將是一件很有意義的事情。同時,我們也要防止別人的負面情緒傳染我們,做好自己的情緒免疫,才能讓心靈如同身體一樣健康。

負面情緒就像是病毒,一不小心就會被傳染,要保證自己情緒的健康,就要學會不斷地增強情緒的免疫力。那麼,要怎麼做才能讓情緒「百毒不侵」呢?

(1) 學會發洩

當人累積的不滿、憤怒等原始情緒達到峰值而無處發洩時就很容易被傳染，就像一個身體不好的人很容易被人傳染疾病一樣。因此，遇事要避免壓抑，及時與人溝通並表達自身感受，同時努力尋找到適合自己的情緒發洩方式，運動、旅遊都是不錯的選擇。

(2) 學會拒絕

一個人持續接受自身排斥的事物時，很容易對環境產生反抗心理。因此，不要一味被動接受要求或指令，在適當的時候根據自身情緒狀態拒絕別人不合理的安排或牽扯。

(3) 學會隔離

如果你是遇事敏感，容易引發情緒焦慮的人，那麼當你感到自己快要爆發的時候，就把自己隔離起來，給自己一個空間，讓自己可以在這個空間裡面得到冷靜。還應該盡量避免與他們談論自己的「病發」細節，與團隊中「免疫力」相對較高的樂觀人士增加接觸機會，這樣可以讓你時刻接受快樂情緒的「傳染」。

第四章 情緒傳導—別被他人的不良情緒左右

【情緒調節】

任何時候都不要小看情緒的傳染力,我們能做的一方面是避免負面情緒傳染給自己,另一方面就要積極地靠近那些樂觀、快樂的人。讓自己多接觸一些幸福的人,你自然也會感受到幸福。

2．寵辱不驚才能笑看人生

社會在不斷地進步，產生的誘惑也越來越多。是非、成敗、得失讓人或喜、或憂、或悲、或驚、或懼、或怒，一旦欲壑難填，人生的希望就會落空，導致失落、失意甚至失志。做到寵辱不驚，方能笑看人生。

瑪里・居禮是一位卓越的科學家，她一生曾兩次獲得諾貝爾獎，獲得其他獎項也達8次，各種獎章16枚，各種名譽頭銜107個，但是她卻對成就看得很淡。

有一天，她的一位朋友來她家做客，忽然看到她的小女兒正在玩弄英國皇家學會剛剛頒發給她的一個金質獎章，於是驚訝地說：「夫人，得到一枚英國皇家學會的獎章，是極高的榮譽，妳怎麼能給孩子玩呢？」

瑪里・居禮笑了笑說：「我是想讓孩子從小就知道，榮譽就像玩具，只能玩玩，絕不能永遠守護著它，否則就將一事無成。」

1910年，法國政府為了表示對瑪里・居禮的崇敬，決定授予她騎士十字功勳，但是瑪里拒絕接受。瑪里・居禮——這位把榮譽看得淡如水的女性，正如愛因斯坦說過的：在所有的著名人物中，瑪里・居禮是唯一不為榮譽所腐蝕的人。

以一顆低調的心善待一切是一種境界，那你就不必為了一時的平淡或寂寞而急躁抱怨，也不必為了一時的輝煌而誠惶誠

恐或欣喜若狂。學會低調才是對生命透澈的領悟，對一切煩惱的頓悟，對生命真諦的領悟。

要寵辱不驚說起來容易，做起來確實有些困難。這個大千世界多姿多彩令我們怦然心動，名和利都是你我所欲，又怎能不喜不悲呢？其實關鍵就要看你如何看待了，心中無過多的私欲，那就不會患得患失；認清自己所走的路，得之不喜，失之不憂，不要過分看重成敗，不要過分在乎別人對你的看法。

寵辱不驚是人生的一大境界，在面對榮辱的時候要學會隨遇而安，「不以物喜，不以己悲」。

要寵辱不驚，最重要的就是要讓自己的心處於一種低調的狀態。那麼，我們在面對那麼多誘惑的時候，怎樣才能做到低調呢？

(1) 姿態上堅持低調

在低調中修練自己。低調做人無論在官場、商場還是政治軍事鬥爭中都是一種進可攻、退可守，看似乎淡，實則高深的處世謀略。

謙卑處世人常在。謙卑是一種智慧，是為人處世的黃金法則，懂得謙卑的人，必將得到人們的尊重，受到世人的敬仰。

大智若愚，實乃養晦之術。「大智若愚」，重在一個「若」字。這種甘為愚鈍、甘當弱者的低調做人術，實際上是以退為進的智慧，它鼓勵人們不求爭先、不露鋒芒，讓自己明明白白過一生。

(2) 心態保持低調

功成名就更要保持平常心,當你有了地位、名譽、財富的時候,自然成為人們注目的焦點,只有低調才能避免樹大招風。而且,只有放低姿態,才能不驕不躁,追尋更大的成就。

做人不要恃才傲物。當你取得成績時,你要感謝他人、與人分享、為人謙卑,這正如讓他人吃下了一顆定心丸。如果你習慣了恃才傲物,看不起別人,那麼總有一天你會獨吞苦果。請記住,恃才傲物是做人一大忌。

(3) 行為注意低調

深藏不露,是智謀。過分地張揚自己,就會經受更多的風吹雨打,暴露在外的椽子自然要先腐爛。一個人在社會上,如果不合時宜地過分張揚、賣弄,那麼不管多麼優秀,都難免會遭到明槍暗箭的攻擊。

時常有人稍有名氣就到處揚揚得意地自誇,喜歡被別人奉承,這些人遲早會吃虧的。所以在處於順境時一定要學會藏鋒斂跡,千萬不要把自己變成對方射擊的靶子。

(4) 言辭保持低調

不要揭人傷疤。不能拿朋友的缺點開玩笑。不要以為你很熟悉對方,就隨意取笑對方的缺點,揭人傷疤。那樣就會傷及對方的人格、尊嚴,違背開玩笑的初衷。

放低說話的姿態。面對別人的讚許恭賀，應謙和有禮、虛心，這樣才能顯示出自己的君子風度，淡化別人對你的嫉妒心理，維持和諧良好的人際關係。

(5) 心志一定高調

立高遠之志，創輝煌人生。在你還是默默無聞不被人重視的時候，不妨試著暫時降低一下自己的物質目標、經濟利益或事業野心，做好一個普通人的普通事，這樣你的視野將更廣闊，或許會發現許多意想不到的機會。

> **【情緒調節】**
>
> 心靈負重太多，就會陷入世俗的泥沼不能自拔。金錢的紛爭、權利的誘惑、得失的吸引，這些讓人殫精竭慮的事情讓我們太過執著於名利。在成功面前，寵辱不驚才是最好的軍師，時刻提醒我們，不要給心靈加重包袱，寵辱不驚才能笑看人生。

3・事情不是你想像的那樣

天空陰霾是不是就一定會下雨？月亮殘缺是不是就一定是天狗食月？其實有的事情並不全都是你想的那樣。陰霾的天空會放晴，月亮殘缺了還會再圓。任何事都有其兩面，如果一直把事情引到你糟糕的情緒中去，無論是悲傷還是恐懼，你將永遠成為他們的奴僕。

有個人很喜歡旅遊探險，一次他一個人到山裡去旅遊，坐在山路邊休息時，腳被一隻黃蜂蜇了一下。但是，他並沒有發現那隻黃蜂。他摸著腳腕上那個腫脹的包，心中感到非常恐懼。因為，他曾經聽人家說過，這座山裡生長著一種毒蟲。而且，他還知道被毒蟲咬了以後，只要走出十步，便會喪命。

想到這裡，那人的腳腕越加腫痛了，疼痛開始傳遍全身的每一根神經。他敢肯定自己是被咬了。幸虧，當時他在聽人說這件事的時候，曾跟人家請教解救的辦法：只要原地不動，在心裡默念「毒蟲，毒蟲」的咒語，到日落西山的時候，毒性會自然解除。

於是，他就站在那，默默地念著咒語。但是，他的內心仍然非常恐懼。火辣辣的太陽烤得他頭暈目眩，他只是在急切地盼望著日落。結果，還未等到日落，他就暈倒在山上。

他被人送入山下的醫院救治，醫生們經過檢查後發現，他是因為中暑暈倒的。待他醒過來之後，醫生問他中暑的經過。他告訴醫生，他在山上遊覽時可能是被毒蟲咬了。

第四章　情緒傳導—別被他人的不良情緒左右

醫生聽完後，竟哈哈大笑起來，並告訴他，毒蟲只是一種傳說。

這個故事告訴我們，很多時候我們不是被自己的能力打敗的，而是被我們想像中的恐懼打敗的。恐懼是一種很容易傳染的病菌，也許事情並不是你想像的那麼壞，但是恐懼的病菌一旦進入你的身體，你就會變得憂鬱和怯懦。

恐懼是我們每個人都會產生的心理狀態，恐懼也是人類生存下來的一大功臣，因為有了恐懼，人類才能學會趨吉避凶，才會注意保護自己。但是如果我們過度地恐懼，就會草木皆兵，任何時候都害怕，任何問題都要逃避。

沒有一種情緒是強大到不可戰勝的，只要你懂得看清它們，不要放大或是縮小，我們都可以戰勝。負面情緒很多時候不是因為客觀條件產生的，而是來自人的主觀。一件原本不是很嚴重的事，在人的負面情緒醞釀之下就變得無比可怕。其實很多人在度過了事情的危機以後會發現，事情並沒有我們想像的那麼糟糕，只是因為我們身處其中，讓情緒左右了我們認知的方向，永遠只看到壞的那一面。

想要讓事情全面地呈現在我們的情緒面前，我們就要學會用正確的態度看待這些問題，那正確的態度都是些什麼呢？

(1) 沒弄明白之前不要隨意想像

以前人們不知道為什麼在墓地裡會有飄來飄去的火，他們不明白，於是就加入了很多想像編出了這樣一套說辭，他們說

那是鬼火，是要來害人的，於是大家都非常害怕。直到很久以後，我們才知道這是一種自然現象，是磷燃燒。從那以後，怕鬼火的人自然少了很多。很多事情也都是一樣，因為我們不清楚，所以就總把事情想像得很糟糕很可怕，最後才發現其實是自己想多了。

(2) 客觀一點有助於你看清事實

或許你只是聽到了一些好朋友陷害你的流言，你不管這是不是真的，就開始發脾氣，怨恨朋友。你為什麼不願意客觀地分析一下？或許簡單地想一想你就會知道這不符合邏輯，不可能是真實的。冷靜客觀才能看清事情的本質。

(3) 接受不同的答案

每一件事都有很多面，不是只有你死心眼認定的那一個。從你的角度看到的是好的一面，或許從別人的角度看到的就不一樣，不要固執地認定自己堅持的才是對的，對事物應採取彈性的態度，不要冥頑不靈。

(4) 先把情緒收起來

很多時候是你預先設下的情緒讓你看不清事情的真面目。或許你看到了某人就覺得討厭，甚至都不管他做了什麼。任何事都不要主觀地加入一些不必要的情緒，先看清楚再決定該喜還是該憂。

【情緒調節】

在生活中因為一點困難和挫折就痛苦得要死要活,回過頭以後就會發現,情況其實並不那麼嚴重。恐懼的時候要告訴自己,我沒有那麼懦弱,絕望的時候告訴自己,明天還會有希望。當負面情緒困擾你的時候,不妨和自己說一聲「其實事情並不是我想的那樣」。

4・做一個有主見的人

在人的一生中，許多事情都是需要自己決定、自己面對的。無論是自己要走的路要做的事，甚至是自己的情緒，都需要我們有主見，不能隨便就受到了別人負面情緒的感染。人生而為人，就要活出自己，而不是舞臺上的木偶娃娃，嬉笑怒罵都由別人來控制決定。

琳琳總喜歡到一家店裡看首飾，只是她現在還買不起。每次她都會在店裡看看，還經常讓營業員拿出一些項鍊、戒指等飾品讓她試戴，但她從來沒買過。

這次，琳琳剛進門，就看到營業員──一個她已經熟悉的女孩始終低著頭，好像心情不太好。原來她違反了公司規定，在工作時間傳訊息，受到了經理的嚴厲責備。

琳琳示意她拿出剛到貨的一款項鍊讓自己試戴一下，這次，這個女孩慢吞吞地走過來，一邊拿一邊慢條斯理地問她：「妳有要買嗎？」誰都聽得出來，這話有輕視的意味。

這句話嚴重地傷了琳琳的自尊心。她也一下子來氣了，對著女孩說：「我買不買關妳什麼事，妳管得著嗎？」說完，琳琳摔門而出。

一路上，琳琳在心裡不停地罵：「神氣什麼？」「不就是個營業員嗎？」「我買不起，難道妳買得起嗎？」琳琳到樓下了還在生氣。

電梯等了好久還不下來，真煩。這個時候，有一個女人推

第四章　情緒傳導—別被他人的不良情緒左右

了一個一歲多的小男孩走過來。小男孩長得很可愛，當推車停到琳琳身旁時，他一邊雙手亂舞，一邊朝著琳琳開懷地笑。那個媽媽隨即也彎下腰來，對小孩說：「寶寶，叫阿姨⋯⋯阿姨。」

「阿⋯⋯姨！」小男孩叫了一聲，琳琳不得不對著他說：「乖！」順便也去摸孩子的小手，孩子也拉著琳琳的手笑出聲來。

這下，琳琳真心地被小孩逗笑了，滿腔的不愉快突然全部無影無蹤。

琳琳先是被感染了首飾店店員憤怒的負面情緒，於是一直都很生氣，使得她連等電梯的耐心都失去了。直到看到小男孩燦爛的笑容，他用好心情感染了琳琳，她才又恢復了好心情。

面對別人的壞心情，如果我們不能處理好，自己難免也會被影響，輕則心情低落、情緒不穩，重則大發雷霆、情緒失控。現在有一個詞特別流行，叫「淡定」，說的是我們要保持平和穩定的心態，不要受別人、環境的影響。要為自己的情緒做主，不要別人喜，你跟著喜；別人憂，你也跟著憂，完全被別人左右，失去了主見。

我們常常說要做一個有主見的人，其實主見不僅表現在事情的判斷上，更重要的是對自己情緒的控制上。絕大部分成功的人是具有穩定性格的人，而不是才華橫溢或者智商較高的人。這種穩定性格不僅包括能很好地控制自己的不良情緒，還包括對別人負面情緒的免疫能力。如果超市的售貨員對你愛理不理，甚至冷漠以待，那麼，你是否會因為他們的態度不好而生氣呢？如果是這樣，那麼你每天的好心情幾乎都會被別人破

壞掉。你是為自己生活,你的情緒是在為自己的生活著色,如果總是受到別人負面情緒的感染而讓自己的生活總是呈現灰黑色,那不是很不值得嗎?

那麼我們應該怎樣為自己的情緒做主,怎樣才能讓自己修練得百毒不侵呢?

(1) 盡量遠離消極的人

如果一個人見了你,總是在抱怨老闆刻薄,或是整天向你訴說人生太苦,哀嘆自己的運氣多麼差……那麼請你盡量遠離這樣的朋友,就算你對負面情緒的「免疫力」再強,也不能保證長期與其在一起不受一點影響。

(2) 凡事要有主見,專注於自己的心情

沒有主見的人,最容易受別人情緒的感染,當與你在一起的人比較消極的時候,你可以安慰他,盡量向他傳遞你的正面情緒,而不是被他拉入消極的漩渦。

(3) 提醒自己一句「我很好」

或許消極的人總是出現在你身邊,你總是避不開他們,那你就想一想自己比他們好的地方。或許他們老闆刻薄小氣,但你的老闆至少還會請你們吃塊蛋糕;或許他們覺得生活沒有希望,但至少兒子的出生讓你更有動力去奮鬥。我們總能在自己身上找到比別人幸福的點,只要你願意。

(4) 不必在乎那些沒有意義的負面情緒

或許你今天去買東西的時候遇到一個態度超級差的售貨員，你千萬不要跟對方一般見識。就算他生氣了，他對你發火，你也不會少塊肉；相反，如果你生氣了，那你今天一定會過得糟糕透頂，不要做這種賠本的生意。

【情緒調節】

沒有人會完全不受外界影響，所以要學會控制自己的心情，做自己情緒的主人，而不是讓別人決定你的心情。加強自己對別人負面情緒的「免疫力」，只有這樣才能每天擁有好心情。

5·讓鎮靜成為你的習慣

對人生而言，學會鎮靜是一筆寶貴的財富。它會讓你懂得，一旦面前出現驚濤駭浪、烏雲籠罩，焦慮、苦惱非但於事無補，有時還會使事情變得更糟，而恰如其分的鎮靜能夠讓你穩住陣腳、挽回損失。

在印度，有一位太太請客。大家圍著桌子坐著，一面吃喝，一面說笑。忽然女主人把女佣叫來，低聲吩咐了幾句話。女佣聽了臉色發白，急忙跑了出去。

不一會兒，女佣端了一碗熱牛奶，匆匆穿過客廳，把牛奶放在了陽臺上。客人都覺得很奇怪，可是女主人仍然有說有笑。又過了一會兒，女佣趕快把陽臺的門緊緊關住，大聲地吐了一口氣。女主人說：「好了，現在大家都安全了。」

客人問女主人到底是怎麼一回事。她說：「剛才我們桌子底下有一條眼鏡蛇，不過，我現在已經把牠關在門外了。」

客人都嚇了一跳。女主人說：「眼鏡蛇來的時候，我不敢驚動牠，也不敢告訴你們，只好假裝沒有事。因為眼鏡蛇最喜歡喝牛奶，所以我讓人把一碗熱牛奶放在陽臺上。牠一聞到牛奶味，就會跟去。女佣看見眼鏡蛇到陽臺上去喝牛奶了，就馬上把門關起來了。」

一位客人說：「妳怎麼知道眼鏡蛇就在桌子底下呢？」她說：「我會不知道嗎？眼鏡蛇就盤在我的腳上呀！」

另一位客人說：「你為什麼不喊我們幫忙呢？」她說：「我

第四章　情緒傳導—別被他人的不良情緒左右

一喊，你們都會慌亂起來。大家一動，蛇受了驚，只要咬一口，我的命就完了。」

誰都無法想像如果當時女主人不夠鎮定，而是慌亂地尖叫，那麼大家一定會被恐懼俘虜，最後的結局可想而知。如果一個人不夠鎮定，那麼他慌亂的情緒很容易就傳染給周圍的人。

生活中，每個人都難免遇到一些突發事件。只有保持鎮定冷靜分析，我們才能選擇有效的解決方式，並且要把這種鎮定的情緒傳遞給其他人，幫助自己或他人脫離困境。反之，貿然採取一些不理智的舉動，不僅會讓鎮定的人慌亂，還會讓慌亂的人更緊張。

很多時候鎮定就像是可以透過空氣傳染的細菌，在你毫不知情的情況下就能夠迅速蔓延，但是請放心，傳染鎮定不像傳染病菌那麼可怕，甚至還是一件好事。試想一下，如果大家都能夠鎮定地面對突如其來的危險，那麼可能很多悲劇就不會發生了。

那麼我們到底應該怎樣保持鎮定不受傳染，並且把鎮定傳遞給更多的人呢？

(1) 自我控制

無論哪一類突發事件，都會對人們的心理產生相當大的衝擊與壓力，使大部分人處在強烈的焦躁或恐懼之中。要做到鎮定首先就要控制自己的情緒，保持沉著冷靜，鎮定自若，這樣才有利於對突發事件的及時解決。

（2）靠近那些總是很鎮定的人

一個人的習慣總是由環境的影響和自身的特點結合起來的，要讓鎮定成為你的習慣，就要多接觸那些鎮定的人，接受那些鎮定情緒的感染，加固自我鎮定情緒的圍牆。在不知不覺中，你就會養成鎮定的習慣。

（3）多做一些準備

我們希望自己變得鎮定一些，那麼就要學會多練習。當然了，我們不能夠製造出一些危機事件來練習，但是可以多想想如果我們遇到危機事件的時候應該怎麼做，有準備的時候總是會比沒有準備的時候更有信心更鎮定一些。看看身邊遇事可以鎮定自若的人，哪一個沒有經歷風雨？哪一個不是歷練深厚的？我們沒有這麼深厚的經驗就應該多學多看。

【情緒調節】

鎮定自若，其實是情緒自我調節的一種成功策略，只有鎮定才能想出更好的辦法來面對眼前的困境。所以把鎮定變成你的習慣，可以感染別人，也能感染自己，讓自己無論何時何地都保持從容冷靜。

6・拋棄固有的偏見

叔本華在《哲學小品》第二百七十八回中寫道「思想家應該是聾子」，其實他的意思就是作為一個作家，不應該受到別人的影響，形成偏見。不只是作家，每一個人都應該這樣，一旦戴上有色眼鏡看人，無論是多麼純潔簡單的人，最終也會染上五顏六色。

美國南北戰爭期間，林肯為了求穩，一直任用那些沒有缺點的人任北軍的統帥。可是事與願違，他所選拔的這些統帥在擁有人力物力優勢的情況下，一個個接連被南軍將領打敗，有一次還差點丟了首都華盛頓。

林肯經過分析，發現南軍將領都是有明顯缺點同時又具有個人特長的人，總司令李將軍善用其長，所以能連連取勝。於是林肯毅然任命格蘭特將軍為總司令，但卻遭到了一些人的非議。

某個禁酒委員會的成員造訪林肯，要求他將格蘭特將軍免職。林肯吃了一驚，問：「原因何在？」該委員會發言人說：「哦，因為他喝太多威士忌了。」「那好吧，」林肯說，「你們誰可以告訴我格蘭特喝的威士忌的牌子？我想給我的其他將軍每人送一桶去。」

林肯何嘗不知道酗酒可能誤大事，但他更清楚在諸將領中，唯有格蘭特將軍能夠運籌帷幄，是決勝千里的帥才。後來的事實證明格蘭特將軍的受命正是南北戰爭的轉捩點，格蘭特

打敗了南部軍隊總司令李將軍。

後來，有人問林肯該報導講的這則故事是不是準確無誤，林肯說：「不，我沒有這樣說過，但這故事不錯，幾乎永垂不朽。我可以把這個故事追溯到喬治二世跟沃爾夫將軍那裡去，當某些人向喬治抱怨，說沃爾夫是個瘋子時，喬治說，『我希望他把某些人咬了才好！』」

林肯總統用人之長，不看他有什麼缺點，而是看他能做什麼。如果總是盯著他的缺點看的話，你永遠都看不到他的優點和特長。

赫茲利特有句話：「偏見是無知的孩子。」說得一點都不錯，「人」「扁」為偏，人一旦有了偏見，就會把「人」看「扁」、看「偏」了。而且，整天抱著自己偏見的人不會有太大的進步，不會獲得成功，還會影響他在其他方面的判斷。

每個人都有著自己不同的使命，每個都有自己不同的人生價值，所以我們不能戴著有色眼鏡來看待任何人，反之，你不僅僅傷害了別人的自尊，更會將自己的英明毀於一旦。與他人相處時，請拿下自己的有色眼鏡，你將會擁有一雙明亮而透澈的眼睛。它能幫你透過別人的不足，看到別人的優點，你便不會再因為別人小小的過失而斤斤計較，你便不會再因為以前的一點點摩擦而輕視了朋友間真誠的友誼。

那麼我們應該怎麼做到不戴有色眼鏡看人呢？

(1) 正確對待「第一印象」，避免「以貌取人」

我們遇見一個人，就會對他產生印象，這個心理過程叫知覺。而「偏見」產生的最初原因即此，偏見首先來自「第一印象」。很多人在看人的時候總會「以貌取人」，總覺得這個人長得不夠好，所以就覺得他也是一個不怎麼樣的人。不知不覺，偏見就已經形成了。

(2) 不要帶著自己的情緒來判斷別人

當一個人處於積極情緒狀態時，在他眼裡一切事物都是美好的。可是當你心情極差的時候，可能別人做什麼都會惹你心煩，這也是一種偏見。他好不好是客觀的，可是如果你加入了主觀的考慮，就會有失偏頗。

(3) 不要以偏概全

沒有一個人是十全十美的，所以對待別人的時候不要只看他的缺點，而忽略了他的優點。缺點越突出的人，其優點也越突出，有高峰必有谷底。看人要全面，這樣才能防止偏見的產生。

【情緒調節】

　　我們往往是憑著主觀臆斷，戴著「有色眼鏡」看人和事，隨意猜測，無謂地增加了自己的心理負擔，要是我們能取下這副「有色眼鏡」實事求是地調查，細心地分析，就可能得到正確的結論，而且我們的生活也會變得更和諧和豐富多彩。

第五章　情緒釋放 ──
為負面情緒找一個出口

負面情緒是一座監獄，能禁錮你的思維、想像力和創造力。一個人長期受負面情緒的煎熬，得不到宣洩，心理壓力就會大增，甚至產生心靈扭曲。找一個出口，釋放負面情緒，幸運之門就會為你開啟。

上篇　情緒調節─修練你的 EQ

1・警惕你的負面情緒

　　負面情緒就像是無處不在的細菌，只要你的抵抗力有一點點下降，它就會乘虛而入，進一步損害你原本就不太健康的情緒。時刻警惕你的負面情緒是為你的情緒做鍛鍊。只有阻斷了負面情緒的入侵，你才能時刻保持一份好心情，一個好狀態。

　　王聰是一個容易生氣的人。這天，他在家和妻子因為一件小事吵了幾句，最後兩個人都帶著怒氣出門去上班了。

　　他到公司越想越生氣，這明明就是妻子的錯，她還有理跟他吵，回去非要好好罵她一頓。他正在生氣，經理告訴他，讓他去和一個客戶簽一份重要合約。

　　他帶著合約就往客戶的公司趕，到了客戶的公司，他們就合約中的一些細節進行商討。可是在一個細節上，他修改很多次也無法達到客戶的要求。王聰越談越生氣，心想今天怎麼淨遇到一些麻煩的人。最後他終於忍耐不住，朝著客戶就吼道：「之前不是都談好了嗎？怎麼變來變去的！」客戶看他這樣，什麼都沒說就走了。

　　王聰這才意識到自己闖了大禍，公司非常重視這筆生意，現在被自己搞砸了。回到公司以後，經理把他叫到辦公室，給了他一封解僱信。就這樣，他失去了工作。

　　負面情緒會一直潛伏在你的左右，隨時隨地跳出來破壞你的正常生活。這種時候就要學會警惕它。就像王聰，他一直放任自

己的負面情緒,最後因為這個負面情緒而失去工作。如果能適當地克制一下自己的憤怒,王聰就不會造成這麼嚴重的後果了。

人的思想情緒時不時起波動,或者突然間感到情緒很壞提不起精神,這是很正常的事情。人們在生活中遭受各種打擊和挫折,再平常不過。只是怎樣應對各種負面情緒的突然襲擊,為自己的心靈鑄造一堵防火牆,這才是最考驗人心智的。

為排解心頭煩惱,很多人會想大吃一頓。有些人可以越吃越開心,但是有些人卻越吃越憤怒,最後變成暴飲暴食。其實,食物和情緒密切相關,只要吃得對,吃得好,遠離負面情緒就在不經意間。

(1) 低落

對策:低脂肪、低蛋白、高碳水化合物。

一塊鬆餅、一片塗有蜂蜜的麵包、一小碗爆米花,它們含有的色胺酸可以進入大腦,產生衝擊作用,並且轉化成血清素,從而穩定情緒,抑制食慾,並且可以在半小時之內發揮作用,神奇地讓你走出情緒死角。

(2) 易怒

對策:碳水化合物。

碳水化合物能夠刺激複合胺的分泌,令人安靜,甚至產生睡意。含碳水化合物的食物包括糙米、蕎麥、全麥黑麵包、甘薯、年糕、稻米和義大利麵等。

(3) 多疑

對策：不要吃得太少，不要長期只吃青菜。

有許多人想用節食來達到減肥的目的，殊不知，熱量和蛋白質攝取量過低會導致貧血、體力不足，長年只吃青菜則會影響細胞對熱量的利用，進一步影響組織神經傳遞物的合成和釋放。這些因素都會讓你變得疑慮和憂思。

(4) 感傷

對策：多補充富含色胺酸和鎂的食物。

色胺酸能促進睡眠，減少對疼痛的敏感度，緩解偏頭痛，緩和焦躁及緊張情緒。糙米、魚類、肉類、牛奶、香蕉、花生、黑豆、南瓜子仁等含有豐富的色胺酸。

鎂元素有穩定情緒的作用，多吃含鎂的水果，如香蕉、葡萄、蘋果、橙子，都可以讓你遠離憂鬱。

(5) 慵懶

對策：豬血豆腐加青椒。

豬血豆腐含有最易吸收的血紅素及鐵，再加上青椒富含維他命 C 幫助鐵的吸收，兩者的配合對於趕走慵懶情緒絕對是事半功倍。

當然，要警惕負面情緒，最重要的就是要懂得自我調節，懂得放下。只有真的控制好了負面情緒，才能更好地為情緒塑造一個健康的環境。

第五章　情緒釋放─為負面情緒找一個出口

> **【情緒調節】**
>
> 　　人生是一條奔騰向前的河流,河中有險灘有暗礁,觸礁之時需冷靜對待,遇橫逆之時而不慌,遭變故之時而不餒。如何讓心情的小船避過這些暗礁,讓小船可以為人生帶來無限的快樂和幸福?這就需要我們時刻警惕負面情緒。

2・用宣洩來為自己減壓

當人們悲傷和痛苦的時候，總是希望得到別人的幫助與分擔，但是在沒有合適人選的時候，我們就要學會自我宣洩、自我釋放。合理發洩可以減輕心理負擔，保證心理健康，同時也是成功控制情緒的表現。要學會用發洩來為我們的心靈打掃環境，保持心理的整潔。

小王經常與人發生激烈爭吵，有時候他被朋友勸住了，但是仍然氣憤難平，這種糟糕的負面情緒總是會延續到第二天，最後發洩到家人身上。久而久之，大家都不太喜歡和小王有過多的接觸，小王的人緣也越來越差。

後來，大家發現小王變了，他脾氣似乎不那麼暴躁了，與人吵架之後不再氣憤難平，而且也能很快恢復平靜。當人們問他原因的時候，小王說：「我能變得平靜，全依靠郭沫若的〈雷電頌〉。」

「雷！你那轟隆隆的，是你車輪子滾動的聲音？你把我載著拖到洞庭湖的邊上去，拖到長江的邊上去，拖到東海的邊上去呀！我要看那滾滾的波濤，我要聽那鞺鞺鞳鞳的咆哮，我要漂流到那沒有陰謀、沒有汙穢、沒有自私自利的沒有人的小島上去呀！我要和著你，和著你的聲音，和著那茫茫的大海，一同跳進那沒有邊際的沒有限制的自由裡去！」

原來，小王在生氣時就朗誦這樣的詩句，頓時感覺心裡的不滿全被發洩出來了，情緒自然也就平靜了。

第五章　情緒釋放—為負面情緒找一個出口

現代生活中的人們每天要面對各種壓力，不論是來自家庭、事業，還是感情、人際關係，如果這些壓力一直得不到正確宣洩，就會形成沉重的心理負擔，若心理負擔還是得不到排解，那麼就容易形成憂鬱症。小王雖然還沒有發展成為憂鬱症，但是他糟糕的情緒已經對他的生活造成影響，大家都開始害怕和他接觸，最後的結果可想而知。

人對於消極情緒的承受能力是有一定限度的。就像一個人不能總是背著沉重的石頭走路，這樣不僅會減緩前進的步伐，甚至有一天這塊石頭會把你死死地壓住，讓你動彈不得。

一個人想要成功就要懂得輕裝上陣，適當地發洩自己內心的積鬱，讓你的心靈變得輕盈，才能在成功的道路上越走越快，也只有輕盈的心靈才能讓你有一份美麗的心境去欣賞沿途迷人的風景。既能獲得成功，又能享受成功的過程，這樣的人生才是飽滿和諧的。而達到這樣一個目標就要學會合理發洩。

要怎樣發洩內心的不良情緒呢？下面我們就來介紹一些有用的辦法。

(1) 學會哭泣

現在的人們被告知要堅強，但是堅強並不表示你要忍住淚水。哭是人們感情的自然流露，在傳統的觀念裡，哭就表示軟弱，但是無論男人還是女人，在重重的壓力下能哭出來是一件好事。哭泣在人們遭到嚴重的精神創傷，陷入可怕的絕望和憂慮時是一劑良藥。

激動時候的眼淚帶有壓力荷爾蒙（stress hormones），而且蛋白質含量非常高，這種蛋白質是對身體有害的物質，所以就算哭泣會讓你難堪，但糟糕的情緒已經損害了你的健康，而哭泣則可以把那些有害物質排出體外，減少壓力對身體的危害。

(2) 喊出你的壓力

很多時候不正確的發洩方法會讓你承受不良後果，所以找到一個合適的地方來喊叫可以幫助你釋放壓力。

喊叫法就是透過急促、強烈、粗獷、無拘無束的喊叫，將內心的積鬱發洩出來，從而平衡精神狀態和心理狀態。

如果你覺得自己不能適應喊叫這種方法，那麼唱歌、朗誦都是不錯的辦法。案例中的小王就是透過朗誦來發洩自己的憤怒。這些方法可以盡情宣洩你內心的不滿和壓力，同時你在一個空曠的地方發洩又不會影響到他人。

(3) 找到合適的出氣筒

任何人都不希望變成別人的出氣筒，但是在飽受不良情緒困擾的時候你就需要一個出氣筒。

你可以把所有的不滿和怨恨都寫在紙上，然後撕了它，讓你的煩惱隨著火焰變成灰燼，不要記起它，接下來就會一切恢復如常。如果覺得寫在紙上還是不解恨的話，你可以跑到一個沒人的地方，把一切氣話完完全全地說出來，甚至可以狠毒一點。這樣你心中的壓抑情緒自然會釋放出來，你也就會變得輕鬆起來。

第五章　情緒釋放─為負面情緒找一個出口

【情緒調節】

　　壓力得到宣洩會讓你整個人輕鬆起來,也能讓你看起來和藹可親。宣洩壓力不能一味地哭泣、叫罵、反擊,這樣只會讓事情更加糟糕。選擇一種適合你的宣洩方式,就能讓你活得更加輕鬆愉快。

3.吵架也能解決問題

人在一生中不可避免地會遇到與他人爭吵的情況,恰到好處的爭吵也是一門藝術,是生活的一部分。不管是你主動去吵還是被動去吵,爭吵都是你情緒的一種表現。如果你能學會如何駕馭爭吵的技巧,那麼,吵架也能幫你解決問題。

李錚是一個悶葫蘆,而他的老婆小薇卻是一個急性子。每次老婆生氣和他吵架的時候,他就默默地走開,不跟老婆吵。別人都說小薇好福氣啊,遇到這麼一個好老公,吵架都讓著她。可是小薇並不這樣覺得⋯⋯

小薇每次只要說話聲音大了一點,李錚就閉上嘴。最後小薇著急了,就對著李錚嚷嚷道:「你好歹也和我吵一下啊,每次你都這樣,我是和空氣過日子啊!」而李錚還是不說話。

慢慢地,小薇也沒有欲望再和李錚吵了,不僅如此,她甚至連話都不想和他說了。每天回家,他們都安靜地吃了飯,然後各做各的事。有時李錚和小薇說幾句話,一聽小薇口氣不好,他就又不說話了。

沒過多久,小薇就向李錚提出了離婚。李錚不明白自己做錯了什麼,當他問小薇為什麼要離婚的時候,小薇說:「兩個人的日子就是要在吵吵鬧鬧中度過,可是你連和我吵架都不願意,我怎麼能指望和你過一輩子呢?」

李錚這才知道問題出在自己身上,他說:「親愛的,不是這樣的,我以前認為吵架只會傷感情,所以我不願和妳吵架。現

第五章　情緒釋放—為負面情緒找一個出口

在我才知道,夫妻倆吵架是把各自心裡的話說出來,這樣兩個人才能長久。你再給我一次機會,以後我不會再這樣了。」

小薇搖搖頭,說:「算了,我們真的不適合。」最終,他們還是離婚了。

很多時候,一味地沉默並不能解決問題,吵架有時也是一種表達,如果李錚早一點明白這個道理,就不會弄得以離婚收場。

吵架有很多功能,其中之一是宣洩。當心裡累積了一定的負面情緒時,吵架也是一種溝通,這種溝通更具衝擊力。吵架是衝動的,沒有這樣的衝動就沒有吵架,所以,吵架也是一種激情,激情是改變的前提。

吵架是生活中的常見現象,因為吵架可以釋放壓抑不了的衝動,所以人們對吵架是持容忍和理解態度的。

俗話說「吵架沒好話」,這是對吵架時說的過火的話的理解。但是吵架時說的卻絕對是真話,話可能過火,那意思卻是真實的。因此,吵架的積極意義就是了解對方真實的感受,使自己做出主動的決定,來維護已經發生問題的關係。

吵架是表達意見的非理性常規武器,其調整情緒的積極功能是存在的。所以,掌握好吵架的分寸,就變成了一門學問。

(1) 公平地爭吵

每個人心裡都有一條界線,對人的攻擊不能超越這條界線,否則會讓矛盾激化,越吵問題越大。吵架的同時也要注意

保護對方的心靈，不要對別人的心靈造成傷害，這樣才能保證吵架的公平性。

(2) 誠懇地爭吵

如果總是抱著我是一個強者的態度，用粗暴的方法把弱者嚇住，那這樣的爭吵永遠不會有好結果。在善意的爭吵中根本不存在勝利者和戰敗者。

(3) 不要為私生活爭吵

私生活不是用來爭吵的，私生活是他人的隱私，總是喜歡揭人瘡疤的人是不會得到尊重的。如果面對的問題必須是私生活，那麼在語言上就要十分小心，不要傷害到他人。

(4) 有目標地爭吵

每一次爭吵都應該有一個目標，也就是說要解決特定的問題。一切都應該圍繞這一目標進行。在爭吵中即使達不到統一，也一定要表明自己的觀點。千萬不要東拉西扯，最後變成口水戰。

(5) 持現實的態度

為陳年舊帳吵架是沒有任何意義的。善意爭吵的起因永遠是現實的問題，是當下發生的問題。過去的事情就算你吵一千次也不會有任何改變。

第五章　情緒釋放─為負面情緒找一個出口

【情緒調節】

即使在爭吵的時候也要明白自己是為了什麼而吵，漫無目的的爭吵只會讓事情越變越糟。我們應該時刻記住，爭吵的最終目的是為了更好地解決問題，是提醒別人也提醒自己這些問題的存在。而當你達到這個目的時，爭吵也應該停止了。

4・誠懇地體驗不良情緒

對負面情緒的體驗使我們了解到什麼才是人生中真正重要的，因此誠懇地體驗負面情緒，把這些負面情緒變成人生的財富吧！

一個男孩，工作很不順利，常被人批評，他沒學會應對這種批評，也不願意去面對自己的失敗，於是他想逃避，他把工作不順利的細節和別人批評他的刺耳語言全忘了，但就算忘記了刺耳的語言，他還是沒有辦法把自己內心的負面情緒忘記，他還是覺得鬱悶、失望、消極。

於是，以前從不夢遊的他開始了夢遊，先是突然從床上坐起來，說一些發洩性的話，接著會在宿舍裡徘徊，盯著寢室裡的室友看，把他們嚇得半死。

意識上，他努力忘記這些不愉快的事，努力壓制自己的憤怒，但夢遊狀態表明，這些事並未忘記，他的憤怒也並未消失。

有一天，他又因為一點小事被上司說了幾句，他一下爆發了，他把所有的不滿都發洩在了上司身上，他大聲地罵上司，還拿起桌子上的東西朝上司砸過去。還好上司躲開了，這個時候大家進來把男孩拉走了。當然，他最後也被公司辭退了。

事後，男孩很後悔，他總說：「要是能夠在見上司之前來一場演習，讓我知道怎麼合理地發洩怒氣，就不會造成今天這種局面。」

男孩一味逃避負面情緒的做法並沒有讓一切變好，而是造

第五章 情緒釋放—為負面情緒找一個出口

成了後期的爆發,也因為這樣,他失去了機會,卻也因此明白了體驗負面情緒的意義。每一次體驗不一樣的負面情緒其實都是一種學習,因此我們要在體驗的過程中學習處理的辦法。

很多時候人們似乎對負面情緒深惡痛絕,但其實負面情緒並不是一無是處,它能為你的生活提供某種經驗。就像案例中的男孩一樣,因為沒有體驗過,所以總是不知道問題出在什麼地方。很多東西都是需要自己認真體會一下才能明白,才能找出問題所在。

什麼事情都有好壞兩個方面,負面情緒也是一樣。不要因為自己憤怒了就自責,有時候憤怒也是在發洩;也不要因為自己哭泣而認為自己就是一個懦弱的人;更不要因為自己得意就覺得自己是一個驕傲的人。每一種情感都需要我們認真地體會、感悟。只有這樣你的人生才是飽滿的。

有了負面情緒沒關係,誠懇地體驗一下,然後想辦法去對付它,所謂「知己知彼,百戰百勝」就是這個道理。了解清楚了,自然能遊刃有餘地戰勝不良情緒。

人生就像天氣,不只需要晴空萬里,還需要雷電交加,這樣的天空才有意義和內涵。那麼體驗不良情緒到底有什麼好處呢?

(1) 提高對負面情緒的警惕性

有時候負面情緒來得很突然,會讓你覺得不知所措,但是體驗過這些負面情緒的人自然就知道要怎麼做才能把這種負面情緒帶來的傷害降到最低。有過一次經歷自然就懂得怎麼處理。

(2) 更加了解自己

負面情緒為我們提供了一個好機會來了解另一種情況下的自己。有時候大家都在偽裝自己，久而久之就不能看清真實的自己。發一次脾氣、哭一場就會發現，其實自己還有這麼脆弱的一面。

(3) 幫助你更好地處理人際關係

很多時候，自己會在毫不知情的情況下就得罪了別人，自己卻還不知道發生了什麼事。但是如果自己體驗過這種糟糕的情緒，就能夠更理解別人的感受，在待人處事的時候就更懂得為他人著想。

(4) 讓自己更加堅強

小樹在風雨中成長，而人則要在挫折和磨難中成長。我們就像是小樹一樣，需要負面情緒來考驗我們，這樣才能長得更加筆直。

【情緒調節】

負面情緒為我們提供一種生存的經歷，並讓我們在這種經歷中獲得智慧，這才是體驗負面情緒最大的意義所在。人生中每一次成功都不是輕而易舉的，只有經過負面情緒的磨練，我們才能不斷強大內心，最終獲得足夠的力量來追求成功。

第五章　情緒釋放―為負面情緒找一個出口

5・別壓抑自己的真實想法

有些人總是知道自己下一步要做什麼，該怎麼去做，但很多時候內心卻並不希望自己這樣做，但是為了達成目標就拚命壓抑自己真實的想法，扼殺自己的情感。其實心理學研究顯示，情緒需要的是疏導，而不是拚命地壓制。

一個男孩來自農村，家境並不是很好。他愛上了一個女孩，這個女孩家境殷實是開公司的，每次回家都有專車接送。雖然兩個人經常一起去圖書館看書、學習，但是男孩從來沒有和女孩說過一句他對女孩的情意。

突然有一天，女孩告訴男孩，她父母要送她出國。男孩回宿舍後一晚上沒有睡，他很想告訴女孩他喜歡她，但是每次要下定決心的時候，他又會感到自卑。他始終覺得自己只是一個什麼都沒有的窮學生，女孩一定不會喜歡他的。最後他還是沒有說出口。

很多年過去了，他擁有了自己的事業，但他時常感到後悔，為什麼當時不問一問女孩的想法呢？

終於他們在同學聚會上再次相遇，她已經嫁為人妻。他本來想和她說出自己的真實感情，可是想到她已經是別人的妻子了，他又壓制住這種衝動。

一年以後，他從一個同學那裡聽說，她其實一直都喜歡著他，只是他從來都不表示什麼，結果錯過了幸福。而上次聚會時，她已經在和老公辦理離婚手續了。但她看他還是什麼都不

127

上篇　情緒調節—修練你的 EQ

說，最後她又默默地走了。

聽完這些，他後悔不已，責怪自己為什麼不勇敢地說出自己的想法。其實，說出自己的心聲，不但遺憾不會那麼多，而且內心深處也就不會有那麼多壓抑的感覺了。

很多人都會像這個男孩一樣，一直壓抑著自己的想法，最後讓幸福就這樣離自己遠去了。其實勇敢地說出自己的感情和想法很簡單，只是我們總是把結果想得很嚴重，於是畏首畏尾，弄得原本屬於自己的幸福就這樣溜走了。

生活好像劇本一樣，現實中的每個人都是劇本裡的角色。很多人缺乏表達自己情緒的力量，怕自己的表達會引起別人的不滿，會招來別人的厭惡，其實沒有那麼可怕。試著對自己坦誠，對別人的坦誠，壓抑自己不僅難受，還會讓人覺得你是一個毫無主見的人。

縱觀世界上各行各業成功人士的經歷，不難發現他們成功的要訣在於他們擁有充分的自知之明。也就是認識自己之後，不斷改造自己，才能逐步走向成功之路。最重要的是，他們懂得聆聽自己內心真實的想法，順從內心的指引，不受名利的驅使。只有認識自己了，才能聽到自己內心的真正聲音，然後順著聲音的指引走向成功的大門。

不敢說出自己真實想法的人是懦弱的，那麼要怎樣才能順利地表達自己的真實想法呢？

(1) 多鼓勵自己

有時候不敢表達自己的想法只是因為對自己沒有信心，害怕面對別人的質疑。這個時候就多鼓勵鼓勵自己，讓自己有一個動力，勇敢地說出真實的想法。

(2) 真誠地與對方交流

如果你所表達的想法是誠懇的、善意的，會對對方有好的導向作用，那麼就真誠地去表達，要相信對方不會介意的。

(3) 要學會讚美與肯定別人

任何人面對讚美和肯定都會感到愉悅，所以在你說出自己真實想法的時候，就要先肯定別人，這樣既能緩和氣氛，又能讓別人容易接受你的想法。

(4) 拒絕也是一門學問

如果想要拒絕別人，可以肯定而婉轉地告訴他很抱歉，如果對方還是不明白，那麼就直率地告訴他吧！但是切記，無論說什麼話都要顧及到他人的心理感受，即使是再開朗的人，內心也是容易被傷害到的。

(5) 讓自己的想法變得完整

很多時候你的想法只是一瞬間的一個念頭，這個時候說出

來別人就會覺得不夠成熟。所以在說之前，你可以把想法思考得更全面和完整一點，這樣也更容易說服別人。

【情緒調節】

每個人都是無可替代的，是最有個性的，所以我們都要遵循自己內心最真實的想法，做一個真實的自己。成功對每一個人來說都是獨一無二的，而自己真實的想法則是你成功路上最寶貴的財富。展示出自己真實的想法，取得更多的了解和尊重，自然會讓更多的人喜歡你、信賴你。

第五章　情緒釋放─為負面情緒找一個出口

6・丟掉情感垃圾

　　每個人都因為壓制情感的宣洩而產生大量的情感垃圾，這些垃圾每天都在不斷滋生。而我們應該像資源回收一樣分類處理，才能化解情緒對生活的負面影響。為自己製造一個情感回收站，適當地丟掉一些情感垃圾，才能讓情感垃圾的處理鏈循環起來，讓自己的身心輕裝上陣。

　　一對夫婦結婚沒多久，丈夫就有了外遇，妻子痛不欲生，但因為還是深愛著丈夫，於是原諒了丈夫，而且丈夫也表示要痛改前非。

　　夫妻倆平平靜靜地過了一年，妻子懷孕了，生了一個可愛的小寶寶。此後她發現丈夫每次接電話都神神祕祕地跑到一邊去說話，這讓她想到了一年前丈夫的外遇，她覺得一定是丈夫有問題了，不然為什麼每次都神神祕祕的。

　　於是她趁丈夫洗澡的時候偷偷地翻他的 LINE 和來電紀錄，除了幾個沒有名字的電話號碼以外也沒什麼特別的，但她就是不放心。最後她忍不住和丈夫大吵大鬧，她質問丈夫為什麼要偷偷地接電話，是不是哪個女人打來的？

　　丈夫這才恍然大悟，說：「每次我出去接電話的時候，妳注意到了嗎？那都是我們寶寶睡得很香的時候，我怕說話太大聲會把他吵醒，再加上妳身體不好，所以我希望妳多休息，不要被我吵到。」妻子聽了，淚流滿面。丈夫抱著一直哭泣的妻子說：「我知道以前是我不好，但是我希望妳可以忘記那些事，

上篇　情緒調節─修練你的 EQ

把我們之間的那些噁心的情感垃圾都清除了，相信我，我不會再那樣了。」妻子點點頭，這次她真的可以把心裡的那些垃圾清除了。

其實，像前面故事中的妻子一樣，一個人想擁有快樂的心境，想要獲得成就，就要學會清除情緒垃圾，下意識地為心靈鬆綁，讓心情做一個深呼吸。把心裡的垃圾情緒趕走，你才能專心去做事。否則，別人根本就沒有辦法來幫助你，而你成功的夢想也只能「胎死腹中」。

心裡負擔的情緒若太多，就會積重難返。你的心裡累積了太多的情感垃圾以後，你的心靈就會變得雜亂、沉重，這樣不利於你的成功與成長。一個真正成熟、有深度的人總是能感受到快樂與輕鬆，而一個背負太多情感垃圾的人，就會步履維艱。

在這種時候就要學著把自己的心打掃一下，扔掉那些已經成為垃圾的情感，這樣才能為心靈創造一個舒適的環境。只有在乾淨舒適的環境中我們才能健康、快樂地生活。要知道，情緒是我們身體和生活中至關重要的一部分，讓它乾淨、自然、整潔是每個人的責任。

每個人都會為自己居住的房間進行打掃和裝飾，那麼心靈的大掃除要怎樣來進行呢？

(1) 真正地解決問題

很多負面的情緒都是來自生活中的一些問題，比如工作不順利、丈夫的欺騙、朋友的背叛等。這些負面情緒長久堆積，

第五章　情緒釋放─為負面情緒找一個出口

或是當時處理得不夠好，就會形成情感垃圾，等下次再遇到的時候就會更加難過。所以只有把問題徹底解決了，以後再次提及這件事的時候，你才能夠從容面對。

(2) 定期檢查自己的情感

身體需要做定期檢查，情緒也需要。只有檢查的時候才能發現垃圾，也才能清除垃圾。檢查的時候要注意那些消極的、絕望的、憤怒的情緒在什麼情況下出現，如果是因為以前的問題而一再難過，那就快點把它清除了吧！

(3) 主動示好

過去的事情無論誰對誰錯，這都不是最重要的，只要你能夠主動示好，讓自己大度寬容一些，相信那些垃圾一定能夠被永久清除。

【情緒調節】

有些人喜歡把壞心情收藏在心底，久而久之這些負面情緒就變成了情感垃圾，這些「情感垃圾」既占用感情空間，又汙染感情環境，還影響自身成長，嚴重的還會引發心理疾病。何不定時為自己的心靈做大掃除，時刻保持心靈的乾淨整潔呢？

上篇　情緒調節—修練你的 EQ

第六章　情緒選擇 ──
讓積極成為你性格的一部分

　　猶太心理學專家弗蘭克說：「在任何極端惡劣的環境裡，人們還會擁有一種最後的自由，那就是選擇自己態度的自由。」一個擁有智慧的人，不僅要明白「應該做什麼」，還要明白「不應該做什麼」。

　　面對同樣一件事，有些人鬱鬱寡歡，有些人積極樂觀，這種差別在相當程度上來源於自己的選擇。也就是說，你選擇以哪種態度去面對，就會有哪種情緒狀態。積極總比消極好，方法總比問題多，要知道，這個世界上沒有邁不過的坎，只有不肯快樂的心。

上篇　情緒調節—修練你的 EQ

1・任何時候都看到希望

阿米爾・罕曾經說過：生活失去了希望，就不再是生活，它真正的名字就該是磨難。人的一生要經歷很多磨難，如果懂得懷抱希望，那麼任何磨難都會變得微不足道。而放棄希望的人就像是為自己的生活判下死刑，人生便失去了全部的意義。

一艘輪船不幸在茫茫大海中沉沒，大副帶著倖存的 9 名水手跳上了救生艇，在海面上漫無目的地漂流。一個星期過去了，大家依然看不到一絲獲救的希望。大副守護著僅存的半壺水，不許那 9 個人碰它一下──有了水就有了活下去的希望，否則，大家就再也難以撐下去了。

大副是救生艇上唯一帶槍的人，他用槍口對著那 9 個隨時都可能瘋狂地衝上來搶水的水手，任憑他們對著自己咒罵咆哮。在這 9 個人當中，最凶悍的是一個禿頂的傢伙，他凶狠地盯著大副，用他那沙啞的嗓子奚落他道：「你為什麼還不認輸？你無法堅持下去了！」說著，他猛地竄上來，伸手去搶水壺。大副毫不客氣地用槍對準了他的胸膛。禿頂嘆了一口氣，乖乖地坐下了。

為了保護這半壺維繫著所有人生命希望的淡水，大副已是兩天兩夜沒有闔眼了，他不斷地告訴自己一定要撐住，雖然還是不斷地有人想要衝上來搶走那半壺水，但卻總是被大副手裡的槍制止。

後來，他們終於等來一艘救援的船。令救援者萬分震驚的

第六章 情緒選擇—讓積極成為你性格的一部分

是,雖然這10個人乾渴得唇上裂著血口,但大副的手裡卻握著淡水壺。前來援救的船長從大副緊握的手中接過淡水壺,搖了搖,一種細細的沙沙聲透過壺壁傳來。船長小心翼翼地擰開蓋子,一股細沙從壺裡滑落。

可以想像,沒有那半壺「水」,恐怕沒有人能夠度過難關。在那樣的緊急關頭大副明白除了讓大家心存希望,沒有別的方法能夠生還。如果告訴大家淡水已經沒有了,無疑是在向大家宣布只有死路一條,而只有讓大家看到還有那半壺「水」,才能看到生的希望。結果正是這種希望和信念拯救了他們的生命。

希望是黑暗中的明燈,是寒冬的陽光,是一切怯懦和失敗的剋星。任何時候都不要放棄希望,只要還有夢想,只要仍存期待,只要不放棄努力,人生就會有很多機會和幸運等待著你,給你一個大大的驚喜,讓你無限地享受人生的樂趣。如果把人生比作槓桿,希望就是它的「支點」,具備這個恰當的支點,才可能成為一個強而有力的生命體。

希望能夠帶來的是焦躁不安的等待之後如願以償的一縷閃亮,是成竹在胸的顧盼之後意想不到的一個回眸,是艱辛勞作之後不期而遇的一盒香甜蛋糕。

也許,由於我們思想的鬆懈或行動的遲緩會使我們錯失成功的機緣;也許,由於我們過分迷信機遇而忽略了那份一度引領我們努力的希望。有時,面對成功,我們不曾看到希望曾經如何使我們心潮澎湃,激情湧動;有時,我們還沒來得及為

昨天的過錯感到遺憾，希望又將新的一天送到了我們的面前。生活總是把我們迎進幸福的大門，讓希望送來一縷一縷溫暖的陽光。

希望是生活的彩筆，只有充滿了希望，生活才能多彩。那麼要怎麼做才能讓生活隨時都有希望的指引呢？

(1) 定下目標

希望總是與實現目標相連繫的，所以如何設定目標就成為開發希望潛能的第一步。合理的目標設定會影響你的動機、水準、努力和堅持不懈的程度，也會影響你為實現目標而尋找創造性途徑的意願和能力。

(2) 把目標變得有彈性

彈性目標可以激發你的興奮感和探索精神，卻又沒有困難到你完全無法實現。所以在設定目標的時候要注意各種影響目標實現的因素，根據自己的實際情況來制定，而且個人所處的環境不一樣，所以目標可以變化。有能力的時候多做一點，沒時間的時候少做一點，不要把自己逼得太緊了。

(3) 一步一步來

要想實現充滿希望的目標，分步前進是一個必不可少的方式。在分步前進的過程中，困難的、長期的，甚至看似無法完成的目標被分解成更小的、更容易實現的一個個「里程碑」。透

過不斷建立小的「里程碑」,逐漸向最終目標靠近。這種逐步實現目標的過程,能夠讓你增加實現目標的信心和勇氣,也能讓你有機會驗證最初設計的通向目標的途徑是否正確,從而為成功地迎接下一個挑戰穩固基礎。

(4) 找到志同道合的人一起上路

實現目標的過程可能是漫長而又痛苦的,需要付出很多努力,也會遇到很多困難,如果孤軍奮戰,可能很快就會把自己的鬥志和毅力消耗殆盡。可以尋找一些和你有相似目標的人組成團隊,大家在遇到相似困難時可以彼此支持,共同尋找其他解決途徑。如果你找不到有相似目標的人,也沒關係,別忘了你還有家人和朋友。

【情緒調節】

人生百年轉瞬盡,坎坷、挫折、失誤、不幸常常冷不丁闖進我們的生活,讓我們痛苦、流淚、倦怠。我們從此就遠離了風平浪靜,如同急流跌落險灘,航船遭遇暗礁,雄鷹捲進長風……造化總會以劫難考驗我們的意志,唯一的應對方法就是讓人生充滿希望。

上篇　情緒調節—修練你的 EQ

2・把快樂的心態裝在口袋裡

快樂，是個滿世界討人喜歡的甜蜜幽靈，也是讓人為之終生苦苦追求的藍色幽靈，更是讓人為之痴迷且癲狂的妖魔幽靈。快樂幽靈並不神祕稀缺，它們成群結隊，無時無刻不在人間遊蕩，猶如雨後的陽光灑滿大地。要發現、擁有它們，就要學會把快樂的心態放在口袋裡，時刻伴隨著你。

一個 62 歲的老太太，帶著 83 歲的老母親出國旅遊。兩個都上了年紀的人，去日本遊覽「大阪環球影城」。

這個在我們看來很普通的老太太，不過是一個退了休的員工，閒時哼哼歌、跳跳舞、看看報、讀讀書。但她從來不把自己當成老人，她和孫子一起唱周杰倫的〈雙截棍〉，她和老伴一起駕車去旅行，看到自己落伍了就去學電腦。人家問她的年齡，她總是笑著說：「26 歲。」其實，她是 62 歲。

她說：「為什麼不快樂呢？快樂是一種生活的態度。」

重要的是，快樂還是一種資源，她感染著全家人，使他們安詳和幸福地生活著，八十多歲的老母親也跟她學會了跳舞。老母親說：「我還沒有搭過飛機呢，我想出國看看。」

她聽了，二話不說就去訂飛機票。在她看來，能讓家人和自己開心就是一筆財富，如果一個人不能開開心心地生活，活得再久也是痛苦。

是的，心就是快樂的根，因為快樂不在別處，就在你的心

第六章　情緒選擇－讓積極成為你性格的一部分

中。幸福不是別人給的，幸福的人生，存在於一顆快樂的心中。在物質匱乏的時代，人們也許辛苦，但心態好的人會說：「我很充實，我感覺快樂且滿足。」生活中的困難與挑戰在所難免，只有以樂觀奮進的態度方可化解一切坎坷。

追求快樂，是人類與生俱來的天性與原始本能。快樂是健康的金鑰匙，人處世間，理應追求快樂。懂得快樂、善於讓自己快樂是一種智慧、一種氣度、一種氣魄。快樂不需要理由，快樂是一種感覺，是你心裡的一種念頭，它不記陰，不記雨，只記晴天。快樂是自己播種的，不是乞求的，不是別人給予的。一個人快樂不快樂，通常不是客觀環境的優劣決定的，而是由自己的心態、情緒等因素決定的。同樣一件事，有人感到快樂，有人感到苦惱，這完全是心境的不同使然。

很多人身無分文時不快樂，腰纏萬貫後也不快樂；被人使喚時不快樂，使喚別人後仍然不快樂；當學生時不快樂，出社會賺錢後還是不快樂；在國內不快樂，折騰到國外後同樣不快樂。這些人開始迷惑，到底快樂在哪？怎樣才能真正地快樂？其實不是你真的太悲慘，太不如意，而是沒有把快樂放進口袋，帶著快樂生活。

要擁有快樂，就要懂捨得，有捨才有得，那麼我們要放棄什麼才能得到快樂呢？

上篇　情緒調節—修練你的 EQ

(1) 放下壓力

　　壓力來自自己的心態。心靈的房間，不打掃就會落滿灰塵。蒙塵的心，會變得灰暗和迷茫。心裡的事情一多，就會變得雜亂無序，然後心也跟著亂起來，壓力也越來越大。有些痛苦的情緒和不愉快的記憶，如果充斥在心裡，就像人的高血壓一樣，會使人萎靡不振，頭昏腦脹。所以，替壓力找一個出口，放下不必要的負擔，才能擁有良好的心境，收穫快樂的心情。

(2) 放下煩惱

　　快樂其實很簡單，學會平靜地接受現實，學會對自己說聲順其自然，學會坦然地面對厄運，學會積極地看待人生，學會凡事都往好處想，放下一切煩惱。這樣，陽光就會流進心裡，驅走恐懼，驅走黑暗，驅走所有的陰霾，快樂就會來到你的身邊。

(3) 放下自卑

　　不是每個人都可以成為偉人，但每個人都可以把自卑從自己的字典裡刪去。樹立自信，有了自信就會自強。強大的內心，能夠稀釋一切痛苦和哀愁，有效彌補你外在的不足。

(4) 放下懶惰

　　天才來自勤奮，奮鬥改變命運。所以要記住，只有勤奮，放下懶惰，才能逐漸成為上進的人，快樂的人。不要一味地羨

第六章　情緒選擇—讓積極成為你性格的一部分

慕人家完美的生活和事業,其實每個人在一個平臺上,都可以透過勤奮工作和辛苦努力,到達自己理想的彼岸,擁有自己想要的一切。

(5) 放下消極

如果你想成為一個成功的人,那麼最好為自己加油,讓積極打敗消極,讓高尚打敗鄙陋,讓真誠打敗虛偽,讓寬容打敗偏狹,讓快樂打敗憂鬱,讓勤奮打敗懶惰,讓堅強打敗脆弱,讓偉大打敗猥瑣……只要你積極進取,完全可以一輩子都做最好的自己。

(6) 放下抱怨

人生與其抱怨,不如努力,所有的失敗都是在為成功做準備。抱怨和洩氣,只能阻礙自己走向成功的未來。放下抱怨,心平氣和地接受失敗,無疑是智者的姿態。抱怨無法改變現狀,打拚才能帶來希望。

(7) 放下猶豫

認準的事情,不要優柔寡斷,選定一個方向,就只管上路,不要回頭。機遇就像閃電,只有快速果斷才能將它捕獲。立即行動,成功無限。有些事情是不能等待的,一時的猶豫,留下的將是永遠的遺憾。

(8) 放下狹隘

心底無私天地寬。寬容是一種美德，孔子說過「以德報怨」，寬容別人，其實也是為自己的心靈讓路。只有在寬容的世界裡，才能奏出和諧的生命之歌。

【情緒調節】

保持快樂的心態是一種習慣，每一次在路上遇到的磨難都能被快樂的心態化解。這是對自己內心的一種維護，也是為自己鑄造一座心靈的守護城池，讓快樂永遠包圍著你。積極地保持著快樂的心態，幸福的生活才會離你越來越近。

3・凡事心存感激

心存感激，是一種澄明的心境，它令人虛懷若谷；心存感激，是一種人性光輝的純美，它令我們貼近自然與群體；心存感激，是和平與友愛的馥郁，它令天地充滿芬芳。感激是發現美的眼睛，是積極樂觀的心靈追求，更是人性的美好之所在。

感恩節期間，一位先生垂頭喪氣來到教堂，對牧師訴苦：「都說感恩節要對上帝獻上自己的感謝之心，如今我一無所有，甚至連一份工作都找不到，我沒什麼可感謝的了！」

牧師問他：「你真的一無所有嗎？上帝是仁慈的，神依然愛你。這樣吧，我給你一張紙，一枝筆，你把我問你答的內容記錄下來，好嗎？」

牧師問他：「你有太太嗎？」

他回答：「我有太太，她不因我的困苦而離開我，她還愛著我。相比之下，我的愧疚也更深了。」

牧師問他：「你有孩子嗎？」

他回答：「我有孩子，有5個可愛的孩子。雖然我不能讓他們吃最好的，受最好的教育，但孩子們很爭氣。」

牧師問他：「你胃口好嗎？」

他回答：「我的胃口好極了，因為沒什麼錢，我不能最大限度地滿足我的胃口，常常只吃七分飽。」

牧師問他：「你睡眠好嗎？」

他回答：「睡眠？哈哈，我的睡眠棒極了，一碰枕頭就進入

上篇　情緒調節─修練你的 EQ

夢鄉了。」牧師問他:「你有朋友嗎?」

他回答:「我有朋友,因為我失業了,他們不時地給予我幫助,而我無法回報他們。」

牧師問他:「你視力好嗎?」

他忽然沉默了很久,然後大笑。他興奮地對牧師喊道:「我還有很多,我應該感謝的,對!我應該感謝,感謝上帝啊……」他一邊說一邊往外走。

後來他帶著感恩的心,精神也振奮了不少,並找到了一份很好的工作。

一個人無論過得多麼不好,只要懂得感恩,就一定能在困境中發現美好和溫暖。當你覺得這個世界是如此不公平的時候,像牧師問這個人一樣問問自己:「你有親人嗎?你有朋友嗎?你有健康的身體嗎?」生活中充滿了值得我們感恩的東西,不要總是抱怨生活。抱著感恩的態度,你能活得更加積極快樂。

對生命、對生活、對大自然、對一切美好的事物心存感激,靈魂便會不斷得到淨化。生命的產生和存在本身就讓我們感動不已,不要再忽視我們已經擁有的幸福,不應該為了求不得而難過,應該學會用珍惜的心態來對待生活。一顆感激的心可以讓我們學會珍惜,學會知足,從而得到快樂和幸福。

對生活心存感激,你就不會有太多的抱怨,不會有太多的不如意,反而會更加珍惜你所擁有的一切。世上沒有十全十美的事物,比抱怨更為重要的是自己為改變這一切做了哪些努力。我們必須健康快樂地活著,這雖然平凡,可對於那些重病

將死的人來說該是多麼珍貴啊！

對所有的人或事心存感激，可使你成就一生的輝煌。只有我們心存感激，才會在經歷了漫漫長夜的痛苦煎熬之後因黎明的到來而熱淚盈眶，因傍晚天際那抹絢麗的霞光而心潮澎湃，因春天裡的一場綿綿細雨而心動不已，因冬日裡的一場大雪而放飛思緒。於是，我們眼裡便多了許多美麗，仰觀藍天白雲，品味雲卷雲舒，多了情致；撫弄閒花碎草，靜看花開花謝，更多了詩意；看高山流水皆有神韻，望草長鶯飛頓生情趣。

(1) 感謝所有曾經有助於自己的人

感謝生我們的父母，感謝嘔心瀝血、精心培養教育我們的師長，感謝跟我們休戚與共、相濡以沫的伴侶，感謝為我們帶來無窮快樂和無限希望的孩子。

(2) 感謝一切帶給我們愉悅的美好事物

感謝春天裡的妊紫嫣紅，秋天裡的碩果纍纍，冬天裡的每一縷陽光，夏日裡的每一陣清風。看庭前花開花落，觀天上雲卷雲舒，我們應該感謝；聽風聲雨聲、鳥啼蟬鳴，我們也應該感謝。

(3) 感謝曾經為難甚至傷害過我們的人

感激傷害過你的人，因為他磨練了你的心態；感激絆倒過你的人，因為他強化了你的雙腿；感激欺騙你的人，因為他增

進了你的智慧;感激蔑視你的人,因為他喚醒了你的自尊。這是一種不同凡響的精神境界,我們可能一時做不到,但我們可以試著或學著去做。

感恩是一種積極向上的心態,也是一個人能夠獲得快樂的泉源。也許有太多的人傷害了你,但是不要忘記,也有太多的人幫助過你,這些溫暖的東西才是你生命的重點。

> **【情緒調節】**
>
> 感恩,很多時候其實是一種生活態度,是一種善於發現美、欣賞美的道德情操。學會欣賞,凡事感激,就能使榮辱、恩怨、名利、得失化作煙雲隨風而去,就能使我們氣定神閒,灑脫如雲。

4・變被動為主動

主動積極的程度決定著一個人是否具有獲得成功的可能。那些成就大事的人和平庸的人之間最大的區別就在於，成功的人總是能夠主動做事，並願意為自己的一切行為負責，但是平庸的人卻一直在等待，最後機會溜走了也不知道。

有個叫塞爾瑪的女人，陪丈夫駐紮在一個沙漠的陸軍基地裡。她常常一個人留在陸軍的小鐵房子裡，天氣炎熱，沒人聊天，而當地的土著居民也不懂英語。她非常難過，於是寫信給父親，說要拋開一切回家去。她父親的回信只有兩行字，卻完全改變了她的生活：

「兩個人從牢房的鐵窗望出去：

一個看到泥土，一個卻看到了星星。」

塞爾瑪一再地讀這封信，感到非常慚愧，決定要在沙漠中尋找星星。於是她開始和當地人交朋友。他們的反應使塞爾瑪非常驚奇：她對他們的紡織品、陶器表示感興趣，他們就把最喜歡但捨不得賣給觀光客人的紡織品和陶器送給了她。

在那裡，她還研究仙人掌和各種沙漠植物、動物，觀看沙漠日出，研究海螺殼，發現這些海螺殼是十幾萬年前這沙漠還是海洋時留下來的……原來難以忍受的環境變成了令人興奮、流連忘返的奇景。

一念之差，塞爾瑪把原來認為惡劣的情況變成了一生中最

有意義的冒險,並為此寫了一本書,而且出版了。她從自己的「牢房」裡看出去,終於看到了「星星」。

主動做事,首先要從心態開始,只有心態積極了,才能讓行動積極。而積極的心態也是指導我們發現美、發現生活意義的眼睛。塞爾瑪從主動中發現了美,發現了快樂,最後收穫了成功。

著名鋼鐵大王卡內基曾經說過:「有兩種人絕不會成大器,一種是除非別人要他做,否則他是絕不主動做事的人;另一種人是即使別人要他做,也做不好事情的人。」

主動是一種態度,代表著一種行動力。主動地思考、積極地行動,都會讓人在接觸事物的同時擴大主觀的認知視野,所謂舉一反三、觸類旁通、順藤摸瓜其實都是主動思維的另一種詮釋或證明。

主動的人能接觸到更多的資訊與資源,這對提高處事的靈活性、成功性都大有幫助。同時主動的思維會帶來積極的行動,行為上的主動會引起良好的外界回饋,從而進一步刺激大腦的神經細胞,產生更積極的思維活動。這樣一種良性循環,能讓人在處理好事情的同時,最大限度地發揮自身的價值,體會到一種安全感、價值感、幸福感。

主動是種精神,反映在人的思維、行動以及整體的氣質面貌上,它拓寬人的思維,最大限度地促進人的潛能開發。不像消極的人,無論做什麼都是被動的,那種被外物牽著鼻子走的

第六章　情緒選擇—讓積極成為你性格的一部分

生活方式終會消磨人的意志，抑制才能的發揮，生活也會跟著變得越來越糟。

有些人天生就會主動做事，但是主動卻不是什麼天賦，更不是高不可攀的，要從被動變主動，其實有很多方法。

(1) 擁有積極的態度，樂觀面對人生

如果你擁有積極的態度，那麼你就能樂觀地、富有創造力地把每天遇到的事轉換成正面的能源和動力；如果你的態度是消極的，你就會顯得悲觀、軟弱、缺乏安全感。消極的人允許或期望環境控制自己，喜歡一切聽從別人安排，因而在這樣的情況下，他不可能擁有控制自己命運的能力，也無法避免失敗的厄運。積極的態度肯定會改變一個人的生活方式，但並不能保證他每件事都心想事成，但是，堅持消極的態度卻讓人必敗無疑。

(2) 命運掌握在自己手中

凡事都要想清楚，什麼是自己不能改變必須接受的，什麼是自己可以選擇的，什麼是自己必須勇敢挑戰的。當你碰到不可改變的事情時，要勇敢地接受它，不要把時間浪費在悔恨、羨慕和嫉妒上。你應該做的事是積極主動地抓住命運中你可以選擇、可以改變、可以最大化你的影響力的部分。

(3) 只有不斷嘗試才有機會恭候你

積極嘗試是學習最好的方法。不要因為暫時不了解自己的長處而猶疑不決，積極行動起來吧！你會發現自己的才華和天賦。珍惜每一次嘗試，因為機遇往往不可複製，要隨時做好準備，以免機遇到來時失之交臂，同時也應學會從每一個失去的機遇中吸取教訓。

(4) 把機會爭取過來

只有積極主動的人才能在瞬息萬變的競爭環境中贏得成功，只有善於展示自己的人才能在工作中獲得真正的機會。你可以主動地關心事情的發展，多深入地思考，很多時候機會就在你思考的時候產生了。當然，最重要的還是你要鼓起勇氣表達你想要獲得機會的意願，不說別人怎麼知道你想要呢？如果一直抱著等別人把機會送到你手上的心態，那只會是痴心妄想。自我推薦也是獲得機會很好的辦法，就算這次錯過了，你也讓人知道你有這個願望和能力，為下次爭取機會做好鋪陳。

【情緒調節】

主動的人會為自己的未來付出，會為自己的幸福設想，而被動的人就只會站在原地，期望幸福和成功降臨。所以，要想擁有幸福和成功，就要改變自己被動的行為和心態，積極主動地去和這個世界上的人與事競爭、較量。

5・陽光總在風雨後

暴雨來臨的時候，樂觀的人看到的總是之後的陽光，悲觀的人卻只能看到在暴雨中被打落的殘花。命運如紙，只要保持一種樂觀的心態，無論它怎樣變化，遭受怎樣的挫折與磨難，紙上繪出的永遠都是美麗動人的風景。

父親欲對一對孿生兄弟做「性格改造」，因為其中一個過分樂觀，而另一個則過分悲觀。一天，他買了許多色澤鮮豔的新玩具給悲觀的孩子，又把樂觀的孩子送進了一間堆滿馬糞的車房裡。

第二天清晨，父親看到悲觀的孩子正泣不成聲，便問：「為什麼不玩那些玩具呢？」

「玩了就會壞的。」孩子仍在哭泣。

父親嘆了口氣，走進車房，卻發現那樂觀的孩子正興高采烈地在馬糞裡掏著什麼。

「告訴你，爸爸。」那孩子得意揚揚地向父親宣稱，「我想馬糞堆裡一定還藏著一匹小馬呢！」

樂觀的人總是能從困境中看到希望，悲觀的人卻從希望中看到悲傷。樂觀的人總是能容易地得到快樂，就像那個樂觀的孩子，雖然只是馬糞，他也能發現美。而那個悲觀的孩子卻永遠在擔心、哭泣。人生其實並不長，那麼為什麼不在這容易流逝的日子裡抱著樂觀的心情去面對一切悲傷和快樂呢？人生因為有了酸甜苦辣才變得意義非凡。

上篇　情緒調節─修練你的 EQ

　　一個美國人穿著泳裝在撒哈拉大沙漠遊玩，一群非洲土著人好奇地盯著他。

　　「我打算去游泳。」美國人說。

　　「可是海洋在 800 公里以外呢！」非洲土著人提醒道。

　　「800 公里！」美國人高興地說，「好傢伙，多大的海灘哪！」

　　在悲觀的人眼裡，沙漠是葬身之地，800 公里是遙遠的，人生是痛苦的；在樂觀的人眼裡，沙漠是海灘，800 公里是享受，人生是希望。

　　樂觀的人總是會有更多的勇氣和力量來戰勝困難，很多時候不是自己真的做不到，而是內心消極的情緒在作祟。樂觀的心總是為自己的人生開拓出更寬更長的路，而悲觀的人卻相反。

　　用樂觀的眼光看世界，世界是無限美好充滿希望的。樂觀的心態能把壞的事情變好，悲觀的心態卻能把好的事情變壞。說話消極、愛發牢騷，第一個受害者就是他自己。消極的東西像水果上發爛的部位，當有一處腐爛，它會迅速將好的水果整個感染壞。

　　要想阻止繼續消沉下去，就必須將已經壞的部分清除掉。在人生的路途上，保持樂觀的心態非常重要，只有健康的心理才能避免讓自己陷入困境，才能避免生理和心理上的疾病。

　　當我們手中擁有一顆酸溜溜的檸檬時，我們何不把它做成一杯冰涼甘甜的檸檬汁？一個 EQ 高手不會屈服於顛沛的困境，更不會在窮困潦倒時，始終怪罪時運不濟、造化弄人。畢竟每個人都無法一出生就拿到一手「好牌」。只有在拿到一手「壞牌」

第六章　情緒選擇－讓積極成為你性格的一部分

時，還能夠心存樂觀、奮發圖強，把「壞牌」打得讓人刮目相看，那才是一個高 EQ 的人。

樂觀來自對生活的積極態度，我們要身處逆境不灰心、不氣餒、不怨天尤人、不自暴自棄；面對困難不逃避、不推諉、不放棄；面對責難不影響神志、不動搖心志、不鬆懈鬥志。

樂觀不是只有一部分人才能享有，只要掌握方法，就能時刻保持樂觀的心態。

(1) 重新詮釋災難

我們應該破除一種觀念，那就是不好的事情就是災難。就像失業，雖然丟掉工作很嚴重，但是不容否認，天下沒有不散的宴席，更要承認，經過一段時間的調整可能會出現其他一些挑戰的機會。

(2) 接受樂觀的傳染

樂觀有傳染性。結交兩三個遇事樂觀的朋友，他們會將陰鬱從你身上逐漸趕走。相反，總是和消極悲觀的人在一起，看問題的態度也會漸漸變得悲觀。所以，多讓樂觀傳染到自己身上也是一件好事。

(3) 不抱怨，只解決問題

樂觀的人在面對挫折的時候，不會花時間去推卸責任或唉聲嘆氣。他們認為：現在沒時間怨天尤人，因為正忙著解決問

題。而當你少一分時間抱怨，就多一分時間進步。在實際中不要總說「為什麼總是我……」而是要用另一種思維來代替：「現在該怎麼做會更好？」這樣就能化哀怨為樂觀。

(4) 多用積極正面的字眼

我們所說的話，其實對自己的態度及情緒影響很大。如果你常使用這些負面字眼，恐慌及無助的感覺就隨之而起。而樂觀的人很少使用這些負面的字眼，他們習慣使用正面的字眼。例如：他們不說「有困難」，而說「有挑戰」；不說「我擔心」，而說「我在乎」；不說「有問題」，而說「有機會」。只要改變你的負面口頭禪，換成正面積極的字眼，你就會立刻感到樂觀起來。

> **【情緒調節】**
>
> 在人生中，要用積極的心態不斷努力。對於堅強者來說，一次逆境，就會生成一粒等量大的、能克服任何困難的種子。樂觀的人有一種可以戰勝一切困難和悲慘的環境的力量。

6・熱情幫你戰勝一切

熱情是成功的祕訣，它能燃起無盡的魄力與勇氣。只有充滿熱情對待每一次挑戰，才能實現人生的卓越和完美。對生活充滿熱情會給你的生活帶來很多好處，這些好處都是日後你戰勝一切的利器！

松下幸之助堪稱是熱情的化身。他只讀過四年書，後來進入大阪電器公司致力於燈頭的研究和改造。當時，他幾乎是白手起家，但還是一門心思撲在燈頭的改良上。

後來，當松下的事業平穩發展時，卻適逢1920年的經濟危機。經濟衰退反而讓剛起步的松下公司獲得了一個大轉機。松下幸之助下定決心，決定發動已經生產的「國際牌」燈具的宣傳攻勢。於是，他直接去找岡田電池公司負責人，請他捐獻一萬個電池。

他決定把這一萬個電池裝在自己的燈具裡無償地向社會發放，以取得宣傳效果。岡田聽到他的提議不禁嚇了一跳，覺得未免太大膽、太離譜了。

松下胸有成竹地對岡田說：「這一宣傳絕對有效果。我想，如果一炮打響，一年內就能賣出去20萬個燈具。為20萬個，耗費一萬個是值得的。」岡田被其說服，終於決定一試。

松下的滿腔熱情帶動了岡田，兩人聯手取得了預期的成功。最終的銷售量遠遠不是當初期望的20萬個，而是破紀錄的

40萬個。就是這次大行動，造就了聞名全球的成功品牌——Panasonic。

當然，「國際牌」燈具有著良好的品質無疑是企業收穫成功的基礎，但促使企業最終獲得成功的催化劑則是松下澎湃的熱情。可以說，熱情是世界上最大的財富，它的價值遠遠超過金錢與權勢。熱情可以摧毀偏見和敵意，趕走懶惰，掃除障礙。熱情是最好的老師，以燃燒的熱情去做自己最想做的事，把生活中的各種問題和事情當成一種樂趣，並樂在其中，這樣的人常常在不知不覺中便能取得驚人的成就。

熱情是冷漠人生唯一的解藥。人類之所以喪失熱情，是由於無知產生的欲望的破滅。幸好熱情是人可以自我創造的，只要你滿懷激情，就有生活和工作的熱情，自然能夠享受生活，享受工作。

也許我們會抱怨熱情地生活實在太累，但是如果你每天淡漠地看著這個世界，冷冷地對待身邊的人，冷淡地對待自己的夢想，那麼你還剩什麼東西可以讓你感受到幸福和快樂。

熱情生活不是要你笑對每一個人，也不是要你不知疲倦地玩樂，它是一種心態，一種情緒，一種直面人生的勇氣！

每個人都可以對生活熱情，不要找任何藉口為自己的冷漠掩飾，看看下面的幾條建議，你也許會有很大的收穫。

第六章 情緒選擇—讓積極成為你性格的一部分

(1) 用積極的方式和自己說話

「我是最好的」、「我是最棒的」、「我充滿著熱情」,這些熱情積極的話語會不斷地激發你的熱情。

(2) 不要總是用否定的詞語形容自己

不說「我不行」,而說「我可以」,不說「我試試看」,而說「我會」,用正面詞語代替負面詞語。

(3) 做到真放下才是熱情的保證

冷淡的人可能受過重創,於是每天花很多時間想著過去的創傷。不要把你的精力浪費在這些地方。用你的明智學會原諒,然後遺忘,重新燃起對生活的熱情。

(4) 多做好事可以發掘你的熱情

從來沒有人在生活富足和所得財產裡找到恆久的滿足。真正的快樂來自慈善的行為、慷慨的付出和感恩的心態。

(5) 去團體裡尋找熱情和快樂

世界著名潛能大師說:「一個人的幸福快樂80%來自與他人相處,20%來自自己的心靈。」一個正面、積極的團隊是你熱情的泉源。可以召集一些思想積極的人,每個月聚會一次,一起討論完成目標的方法,彼此激發腦力。

(6) 想像自己是個偉人

假定自己是自己心裡嚮往或崇拜的人的樣子，這樣可以不斷激勵你用熱情來對待事物。想像自己是一個偉人，並引導自己擁有那樣的心胸和理想，那麼你會對人生有種衝動，並報以強烈的熱情，以實際行動去追逐心中的夢想。

【情緒調節】

熱情地做某件事，本身就預示著成功的開始。如果能以精進不息的精神、火焰般的熱情充分發揮自己的愛好特長，那麼不論做什麼事情，處在什麼情境中，都可以樂在其中，體會快樂人生的真意。

第六章　情緒選擇─讓積極成為你性格的一部分

7‧快樂總是與灑脫相伴

　　灑脫不傍權貴，灑脫不棄貧窮，灑脫是品味人生的一種情真意切的快樂。灑脫是隨性自然的發揮，灑脫是內涵素養的修練與外露的表象，它所展現的是一種氣質與風度。因而灑脫的人總是能得到最純樸的快樂。

　　過去，有一個人提著一個非常精美的罐子趕路，走著走著，一不小心，「啪」的一聲，罐子摔在路邊一塊大石頭上，頓時成了碎片。路人見了，唏噓不已，都為這麼精美的罐子成了碎片而惋惜。可是那個摔破罐子的人，卻像什麼事都沒發生過一樣，頭也不回一下，看都不看那罐子一眼，照舊趕他的路。

　　這時過路的人都很吃驚，為什麼此人如此灑脫？多麼精美的罐子啊，摔碎了多麼可惜呀！甚至有人還懷疑此人的精神是否正常。

　　事後，有人問這個人為什麼要這樣。

　　這人說：「已經摔碎的罐子，何必再去留戀呢？」

　　人在現實，身不由己，但我們終日忙忙碌碌，疲憊的心靈確實需要寧靜的放鬆。儘管忙碌使我們充實而愉快，但若我們不懂得灑脫，實際上是在給自己加重負擔，讓心靈終日勞役，它終有一天會疲憊的。一味追求而忘記給自己一份灑脫的心境，我們又如何去負載更多世俗的擔子？灑脫，是在痛苦之後的一種平靜，是在苦澀中品味出的一絲甜蜜。

上篇　情緒調節―修練你的 EQ

　　灑脫，就像一江流水迂迴輾轉，依然奔向大海，即使面臨絕境，也要飛落成瀑布；就像一山松柏立根於巨巖之中，依然刺破青天，風越大就越要奏響生命的最強音。灑脫就不要為無所謂的塵世而計較成敗得失，使自己只守著一顆煩悶的心；也別再為現實和理想的差距而讓自己思索著沉悶的主題；更不要為人生的坎坷、歲月的蹉跎而一蹶不振。

　　成功的人回顧大坎坷時一帶而過，失敗者敘述小挫折時喋喋不休。我們誰不希望做生活中的強者呢？這就要求我們學會灑脫，因為有些東西得到後或許會後悔，有些東西失去了也許會慶幸。該放棄的，就不要留戀，因為要去的終究挽留不住，在得失之間只要你耕耘過、播種過、澆灌過就夠了。

　　收穫多少，並不是成敗的唯一標準，重要的是藏在細枝末節裡使你一次次痛心疾首、刻骨銘心的經歷。灑脫的人會把坎坷的路途當作目標的一部分，而不是把成功看成無依無靠的空中樓閣。灑脫能夠讓你在千萬次受傷之後，依然懷抱希望和感激。

　　生活中有時灑脫是忘卻，有時灑脫是泰然，有時灑脫是無聲勝有聲，有時灑脫是對境心不起，有時灑脫是寧靜淡泊。人生中的酸甜苦辣，誰又能訴盡？每日煩事、惱事、怒氣、怨氣，誰又能為之撫平？只有灑脫地去面對，用微笑去迎接每一次挑戰。

　　灑脫的人都會經常告訴自己要看開一些，那怎麼樣才能「看開一些」呢？

第六章 情緒選擇－讓積極成為你性格的一部分

(1) 一分知識儲備，十分自信過人

要有淵博的知識，說話才可能隨心所欲，任意發揮，進退自如，這才叫灑脫。這種灑脫是自信的表現，有知識有自信就會灑脫。正可謂是一分自信，十分灑脫。

(2) 二分自我放飛，十二分樂觀向上

少一些局限思維，多一些樂觀闊達，說話才大大方方，才算一種灑脫。這種灑脫是一種「前瞻感情」，不拘泥於前提，勇於放飛自己。

一個人怕東怕西，顧及太多，就會慎重到保守的地步，而慎之又慎，反無自信。一個人只要保持樂觀的心態，就會說話大方，灑脫自如，侃侃而談，無所不說。在「前瞻感情」中做到心靈的溝通，才會顯得灑脫自然。做到這樣，就不會被困難嚇倒落個遺恨終生。

(3) 三分樂觀豁達，百分百灑脫自在

人生的道路是曲折坎坷的，對於榮辱、富貴、貧窮、誹謗、嫉妒、酸楚等社會附加物，一笑置之，那麼你就得到解脫了，心理就平衡了。少了那些附加物，還原生活的本質，還怕自己做不到灑脫嗎？

凡事順其自然，遇事處之泰然，把失意艱辛曲折當作人生中的必然。遇事多思其有利一端，對人多念其友好一面，多聞

上篇　情緒調節—修練你的 EQ

樂事，多交性格開朗之人。時時提醒自己，緊張焦慮不能解決問題，淡定豁達才能尋找到出路。

> 【情緒調節】
>
> 　　灑脫是一種人生境界，是對生活的透澈理解，對人生的深刻體驗。它是生活的累積，是人生積澱的結晶，生之於此，當用之於此。我們只有灑脫地去面對人生中的一切風風雨雨，生活才會像瀑布般揮灑自如。

第六章　情緒選擇─讓積極成為你性格的一部分

8・包容給你無窮力量

蘇格蘭著名歷史學家卡萊爾說：「一個偉大的人，是以他待小人物的方式來表達他的偉大。」寬容是一種修養，是一種處變不驚的氣度。

鮑勃・胡佛是一位著名的試飛員，常常在航空展覽中表演飛行。一天，他在聖地亞哥航空展覽中表演完畢後飛回洛杉磯，正如《飛行》雜誌所描寫的，在空中300公尺的高度，兩具引擎突然熄火。由於技術熟練，他操縱飛機著陸，但是飛機嚴重損壞，所幸的是沒有人受傷。

在迫降之後，胡佛的第一個行動是檢查飛機的燃料。正如他所預料的，他所駕駛的第二次世界大戰時期的螺旋槳飛機，居然裝的是噴氣機燃料而不是汽油。

回到機場以後，他要求見見為他保養飛機的機械師。那位年輕的機械師為所犯的錯誤難過至極，當胡佛走向他的時候，他正淚流滿面。他不僅造成一架昂貴飛機的損失，還差一點使3個人失去了生命。

你可以想像胡佛必然大為震怒，並且預料這位極有榮譽心、事事要求精確的飛行員必然會痛斥機械師的疏忽。但是，胡佛並沒有責罵那位機械師，甚至沒有批評他。相反地，他用手臂抱住那個機械師的肩膀，對他說：「為了表示我相信你不會再犯錯，我要你明天再為我保養飛機。」

某位哲人曾經寫過這麼一段話：「很少人會以衡量自己的天平來衡量別人。」我們自己的過失和別人的過失相比，似乎算不了什麼。當我們做了一件令自己覺得羞愧的事時，我們僅僅是自責一下下，然後很快就寬恕了自己。但是當別人犯了錯誤或表示憤恨時，我們卻總是很快把他貶得一文不值。更可笑的是，我們總是抓住別人的一次謊言不放，卻忘了自己曾經說過無數次謊。

要想具備做人的資格，就必須記住每一個人都會犯錯，我們是善良與邪惡、成功與失敗、信心與失望、合群與孤獨、勇氣與恐懼的混合體，唯有保持寬恕，我們才能發現，在我們一生當中，偉大的一面占了大部分的內容。

寬容是一種美德，能夠寬容別人的人，可以和各種人和睦相處，反映了自身的人格修養和廣闊胸襟。尤其是生活在這樣一個複雜的社會中，我們更需要寬容，因為只有寬容才會發現別人的長處，才能夠更好地與人合作。

用下面 4 個「容人」，和自己的行為對比一下，做到了，你就是真正領悟了寬容的真諦。

(1) 容人之短

「金無足赤，人無完人」，人的短處是客觀存在的，容不得別人的短處勢必難以共事。

(2) 容人個性

由於人們的社會出身、經歷、文化程度和思想修養各不相同,所以人們性格各異。因此容人從根本上來說就是要接納各種不同性格的人,這不僅是一種道德修養,也是一門藝術。從歷史上看,許多領袖人物,都是善於團結各種不同性格的人共同工作的典範。

(3) 容人之過

「人非聖賢,孰能無過」,歷史上凡是有作為的偉人,多數都能容人之過。比如林肯,他很少指責別人的過錯,即使在南北戰爭的一次關鍵戰役中,前線的米德將軍違抗他的命令,拒絕追擊敗局已定的南方軍隊,並導致對方逃脫,林肯也沒有因此批評或是指責米德將軍,反而給予理解和寬容。

(4) 容人之功

別人有功勞,本應該感到高興,但有些人心胸狹窄,生怕別人功勞大會對自己構成威脅,這些都說明容人之功不易,只有那些以群體利益為重,胸懷開闊的人才能做到。天下沒有渡不了的河,沒有過不去的山,也沒有解不開的結。人生就是那麼幾十年,有什麼事非要耿耿於懷,搞得自己不開心呢?記住:開開心心地生活和工作,比什麼都重要!

上篇　情緒調節─修練你的 EQ

【情緒調節】

　　人生在世都有被冷言所謗、被暗箭所傷的時候，遇有令人厭煩的人和事時要學會克制自己。學會了寬容，那就會種瓜得瓜，種豆得豆，一顆包容的心必然會為你帶來幸運和機會。

第六章　情緒選擇－讓積極成為你性格的一部分

9・輕鬆地過，快樂地活

　　有些人總是把生活過得戰戰兢兢，緊緊張張，每一步每一次轉彎都要深思熟慮，但就算是如此，他的生活還是不快樂、不幸福。而有些人過得簡單自在，輕輕鬆鬆，反而活得快樂幸福。輕鬆地過，快樂地活是一種人生境界。

　　在山中的一個鐵礦裡，有個小礦工被派去買食用油。在離開前，礦裡的廚師交給他一個大碗，並嚴厲地警告他：「你一定要小心，我們最近財務狀況不是很理想，你絕對不可以把油灑出來。」

　　小礦工買了油就往山上走，他想到廚師凶惡的表情及嚴肅的告誡，越想越覺得緊張。小礦工小心翼翼地端著盛滿油的大碗，一步一步地走在山路上，絲毫不敢左顧右盼。

　　不幸的是，快到廚房門口時，他踩到了地上一個坑。雖然沒有摔跤，可是卻灑掉了1/3的油。小礦工非常懊惱，而且緊張得手都開始發抖了，來到廚房時，碗中的油就只剩一半了。

　　廚師看到油時，當然非常生氣，他指著小礦工大罵：「你這個笨蛋！我不是說要小心嗎？為什麼還是浪費這麼多油？真是氣死我了！」

　　小礦工聽了很難過，開始掉眼淚。另外一位老礦工了解事情的經過以後，就對小礦工說：「我再派你去買一次油。這次我要你在回來的途中，多觀察你看到的人和事物，並且要報告給我。」

　　小礦工覺得自己做不到，本想推掉，但在老礦工的堅持下，他只好勉強上路了。在回來的途中，小礦工發現其實山路

上篇　情緒調節—修練你的 EQ

上的風景真是美，遠方看得到雄偉的山峰，又有農夫在梯田上耕種。走了不久，又看到一群小孩子在路邊的空地上玩得很開心，而且還有兩位老先生在下棋。當小礦工回到山上把油交給廚師時，發現碗裡的油裝得滿滿的，一點都沒有損失。

世上很多人都像小礦工第一次買油一樣，把自己的生活弄得很緊張，最後卻得不償失。而有些人卻能輕鬆地生活，輕鬆地面對一切，不知不覺就渡過了難關。

其實，生活並沒有那麼艱難，只是我們自己緊張和恐懼的心情讓生活變得很可怕，放輕鬆一些就會發現生活其實可以那麼簡單，那麼美好。在這個世界上，沒有一塊發條永遠上得十足的錶會走得長久，沒有一輛馬力經常加到極限的車會用得長久，沒見過一根繃得過緊的琴弦不易斷。同樣的道理，人也要學會放鬆，在沒有壓力的情況下，人生才會輕鬆。

如果你還是覺得要輕鬆做人是一件困難的事，那麼就用下面的「輕鬆四條」來要求自己，給自己一個標準，這樣是不是就會簡單一些呢？

(1) 為心靈留出一點空間

很多時候，我們需要給自己的心靈留下一點空隙。這就好比正在公路上行駛的兩輛汽車，中間要保持相當的安全距離一樣，這樣不僅可以留有一定的緩衝餘地，還可以隨時調整自己，進退有據。心靈也是一樣，有足夠的空間，它才會覺得輕鬆自在。

(2) 為心靈減負

一個人必須讓靈魂跟上腳步，才能感受到幸福。心靈的重負太大了，就扔掉一些沒用的東西吧，讓自己輕裝前進，才會有愜意的人生。

(3) 用原諒的心對待一切

也許生活總是會給你製造一些麻煩，但是我們應該原諒別人對自己的誤解與傷害，原諒自己的無知與魯莽。放過自己，原諒別人，人生才可以多些彩色。

(4) 用另一種角度看待錯誤

允許自己有可以原諒的過錯，及時吸取經驗教訓，不要讓已經犯下的錯誤妨礙你以後的生活。和其他所有的失誤一樣，一味地內疚和後悔，只會讓你心情緊張起來。

【情緒調節】

輕鬆、快樂本身就是世間成本最低、風險最小的成功，卻能讓人真正受用。輕鬆做人是一種境界，一種處世智慧；快樂生活是一種修為，一種生存藝術。心靈為名利所役，終日患得患失，會錯過太多美好的風景。給生活一些空間，讓自己輕鬆一點，你會發現快樂無處不在。

下篇　情緒管理 —— 做情緒的主人

　　人都有七情六欲，高興、悲傷、憤怒、焦慮⋯⋯構成了人生五彩斑斕的畫面。情緒沒有好壞之分，它只是人們對環境的一種反應。但是，在為人處世、做人做事的過程中，如果不能很好地管理自己的情緒，必然讓自己四處碰壁、寸步難行。

　　每個人都需要進行情緒管理，在了解情緒的基礎上控制情緒、疏導情緒、改變情緒，做情緒的主人。一旦你能靈活自如地消除不良情緒、掌握好心理調節術，那麼必然會擁有健康的身心，保持最佳的狀態，與身邊的人和諧相處，離成功、幸福就會越來越近。

第七章　丟掉抱怨情緒 ──
「不公平」是這個世界的一部分

　　有這樣一句話:「以恨對恨,恨永遠存在;以愛對恨,恨自然消失。」即使是一個心胸非常寬廣的人,也往往難以容忍別人對自己的惡意誹謗和傷害。但唯有以德報怨,把傷害留給自己,埋在心底,以大度寬廣的胸襟去包容一切,才能贏來一個充滿溫馨的世界和明天。人生是不公平的,習慣去接受它吧!請記住,永遠都不要抱怨。

下篇　情緒管理—做情緒的主人

1・換位思考，讓心情更美好

　　換位思考是基本的道德教諭。古往今來，從「己所不欲，勿施於人」到「你們願意別人怎樣待你，你們也要怎樣待人」，不同地域，不同種族，不同宗教，不同文化的人，說著大意相同的話。

　　真理的身上布滿傷痕，換位思考是人類經過長期博弈，付出慘重代價後總結出的黃金法則。沒有人是一座孤島，社會是一個利益共同體，我們不能用自己的左手去傷右手，我們是同一棵樹上的葉和果。克魯泡特金在《互助論：進化的一個要素》中證明：只有互助性強的生物群才能生存。對人類而言，換位思考是互助的前提。

　　聖誕節前夜，一位商人在地鐵出口看見一個衣衫襤褸的人站在路旁，面前放著一個裝了幾個硬幣的盒子，旁邊凌亂地插著一些鉛筆。

　　商人放了幾個硬幣在盒子裡就匆匆往前趕。走了一會兒，他覺得有些不妥，就轉身折回來，他問了問鉛筆的售價，拿了幾支，並向對方道歉，解釋說自己忘記拿了，希望他不要介意。

　　幾年後他們再次相遇時，這個衣衫襤褸的人成了富商，他握住商人的手動情地說：「您可能不記得我了，我也不知道您的名字，但是，您是我永遠也忘不了的人。是您，重新給了我自尊！自從我的生意倒閉以後，我一蹶不振。那時候我看上去是

第七章　丟掉抱怨情緒－「不公平」是這個世界的一部分

在賣鉛筆,可人們都把我當成乞丐來施捨,因此我自己也認為我是一個乞丐!那天,我麻木地看著您丟下硬幣,可是沒想到您又跑回來了。您的言行告訴我,我不是一個乞丐,而是一名商人!謝謝您讓我重新站起來!」

每個人都不希望被看成乞丐,正所謂「己所不欲,勿施於人」,因此,在開口說話前,我們先問自己:當我犯了過錯時,我希望別人批評我嗎?不希望!我希望得到原諒。當我做得不好時,我希望別人嘲笑我嗎?不希望!我希望得到鼓勵。當我遭到挫折時,我希望別人幸災樂禍嗎?不希望!我希望得到幫助。當我情緒低落時,我希望別人冷落我嗎?不希望!我希望得到安慰。當我總是聽不懂時,我希望別人覺得我煩嗎?不希望!我希望得到耐心。所以當你自己也處在類似情景時,就做對方希望你做的事,這才是最有效的溝通技巧。

你有沒有這種經歷?在你心情很好的時候碰到一個傢伙,這個傢伙上來就說天氣有多麼糟糕,他的生活多麼黯然無光,這個時候,你的大腦會隨著他的語言思考,結果,你腦中的畫面是一幅幅不愉快的景象,你的心情也會因此而莫名變得壓抑。在下一次,你會盡量避開與這個傢伙交流。有些人之所以喜歡抱怨,往往是害怕別人知道做事不利的根源在於你自己 —— 你害怕面對事情,你害怕面對問題本身,你害怕和別人進行有意義的交流。因此,在這種情況下,我們要試著換位思考,避免抱怨情緒的惡性循環。

下篇　情緒管理—做情緒的主人

　　當你學會換位思考的時候,就會在遇到問題時多站在別人的角度來看待,設身處地為他人著想。當我們遇到與他人意見各異的情況時,試著從對方的角度去考慮某些問題,設身處地從對方的角度去思考、去處理問題。有可能某些眼看無法調和的衝突在我們「山重水複疑無路」時,因為我們的換位思考而進入了「柳暗花明又一村」的境界。當我們做到這些的時候,就能夠更多地理解別人,寬容別人。在生活中,學會換位思考,化干戈為玉帛,化消極為希望,會讓我們發現原來生活其實很美好,每一天的心情都很好。

【情緒調節】

　　如果你想抱怨,那麼生活中的一切都能夠成為你抱怨的對象;如果你不抱怨,生活中的一切就都會變得美好起來。一味地抱怨不但於事無補,有時還會使事情變得更糟。所以,不管現實怎樣,你都不應該抱怨,而要靠自己的努力來改變愛抱怨的心態。如果你已經準備好,請拿出虛懷若谷的胸襟,學會換位思考,你會發現,世界原本可以如此美麗,生活原本可以如此豐富,精神原本可以如此充實。

第七章　丟掉抱怨情緒—「不公平」是這個世界的一部分

2・讚美是拉近彼此距離的繩索

巴克斯特是個測謊專家，有一天，他心血來潮在辦公室做起了研究。他將植物的葉梢銜接在有記錄器顯示的測謊器上，然後在植物根部加水，試驗其反應。

結果，記錄器上顯示無反應。接著他又摘下其中的一片葉子放進熱咖啡中，不久之後，記錄器上出現急遽的變化——記錄器上的指標如失去控制般地往上延伸！

從此以後，巴克斯特和其他人便將對植物生態的理論研究，延伸到人類的感情和心態上。結果證明：植物的反應會隨著照顧者的態度而有所不同，如果得到讚美，它們會欣欣向榮；相反，如果受到批評，它們便會表現出病懨懨的樣子。

人類的態度對植物的影響尚且如此之大，人與人之間的影響力豈不更大？讓我們來看下面一則故事：

華克公司承包了一幢辦公大廈的建築工程，必須在合約規定的日期內完工。一切順利，眼看就要完工，突然負責供應樓內裝飾材料的供應商聲稱，他不能按期交貨了。這意味著整個工程不能按期交付，那樣華克公司將承擔鉅額的罰款。

電話、爭吵、討論都無濟於事。於是負責此項工程的高先生決定親赴紐約，和那位供應商商談。

「你知道你的姓在這個地區是獨一無二的嗎？」高先生在進入這位經理辦公室的時候問道。

下篇　情緒管理—做情緒的主人

「不，我不知道。」這位經理很吃驚。

於是高先生說：「今天早上我下火車後，就在電話簿中查詢你的地址，發現在布魯克林電話簿中姓這個姓的只有你。」

經理說：「真的嗎？」他很有興趣地翻著電話簿，顯得很驕傲。接著他又自豪地說：「這個姓可不普通。大約200年前，我的祖父從荷蘭移民到這裡⋯⋯」

他用了很長的時間談論他的家族史。等他說完了，高先生又恭維他一個人支撐那麼大一個公司，並且比其他同類公司生產的裝飾材料都好得多。接下來供應商堅持要請高先生吃飯。在吃飯的過程中高先生又說了一些其他的事情，卻始終沒說明來訪的目的。

午飯後，供應商說：「現在，我們言歸正傳。我自然知道你此行的目的，但想不到，你能給我帶來這麼多的快樂。放心吧，你要的東西，我馬上派人送過去，即使工作再忙。」

高先生沒有提任何要求就達到了目的。那些材料準時送到，他們也按期交工。在這種情況下，如果高先生也用大多數人的方法，去理論去爭執，結果肯定不會如此完美。

從EQ的角度來分析，別人曾經給予自己的讚美是否令你感到莫大的快樂？在萎靡不振的時候，別人的一句讚美是否使你得到莫大的安慰和鼓舞？

沒錯，認可和讚美是人際交往中的重要一環，是良好關係的開端，是拉近彼此距離的無形繩索。人人都渴望得到別人的讚美，沒什麼東西比表揚更能開啟人的積極性。當我們誇獎一個人做得好時，他就會更加努力，希望自己做得更好。相反，

第七章　丟掉抱怨情緒—「不公平」是這個世界的一部分

如果只是一味地批評和指責，這樣只會打消對方的積極性，反而不利於事情的進展。

讚美，給予別人精神上的滿足，會調動對方積極的情緒，使其發揮最出色的一面。所以，請不要吝惜你的讚美，在你奉獻出熱情的鼓勵和真誠的讚美時，你會收穫更加燦爛的明天。

【情緒調節】

讚美，是這個世界上最動聽的語言。它給人力量，讓人自信，贏得友善與認同。所以，開始讚美你身旁的人吧！告訴他們你真的愛他們，讚揚他們的貢獻，並對他們為公司，為某一部門或某個團體所做的一切，說聲「謝謝」。播種讚美，你就會收穫讚美。

3．透過反省讓自己得到解脫

自省，顧名思義就是對自我動機和行為的反思。打個比方，如果你生病了，你需要做的就是去醫院檢查身體，找出病因，然後對症下藥，進行治療，這樣才能恢復健康。假如只是怨天尤人，抱怨自己命運不好，因此而耽誤治療，那麼即使是小毛病也終究會釀成大病。

人的一生都會遇到挫折，受挫後無論怎樣責怪別人，都是徒勞無益的。我們應該多問問自己，總結自己、反省自己、檢討自己。這也許是最明智正確的態度。

一個朋友近來走了霉運，原本蒸蒸日上的業務突然間屢屢失敗，公司裡多年來一直忠心耿耿跟隨他左右的兩個業務副總管離開了他，甚至跳槽到他競爭對手的公司去了。

在內外交困之中，這個朋友並沒有認真、及時反省自己，反而一味地責怪昔日的戰友背叛了自己，沉浸於憤怒和傷心之中，不再相信別人，動不動就發脾氣。結果是惡性循環，整個公司上下人心渙散，陷入了更大的困境。

其實公司經營上出現了問題，老闆首先不可推卸自己的失誤，如果把所有的過錯歸咎於他人，那麼必將面對更大的危險。

怨天尤人其實是一種懦弱的不成熟的表現，是在掩蓋自己不能面對現實的事實，同時還留下了可能重蹈覆轍的隱患。強者並不是一帆風順的幸運兒，他必然也要經歷各種痛苦和挑

第七章　丟掉抱怨情緒－「不公平」是這個世界的一部分

戰，能夠戰勝困難的人首先必須戰勝自己，反省自身。

反省自己是一種解脫。我們不肯認錯無非是顧及自己的面子，不肯承認自己的失敗。事實上這個世界上從來就沒有常勝將軍，所有自我的包袱和面子在勇敢地承認自己的失誤之時就已經悄然放下了，我們會因此變得輕鬆。所謂吃一塹，長一智，善於總結自己就能夠把失敗的教訓變成自己的財富。

反省自己是一種力量，習慣於責怪他人的人遲早會招致怨恨，一個勇於律己的人會因此而擁有包容整個世界的力量，讓所有人欽佩其風度並樂於與其交往。

反省自己是一種境界，在這個世界上最難以戰勝的敵人就是自己，如果一個人已經到了只剩下自己這一個對手時，實際上他已經在天下沒有其他敵人了。

【情緒調節】

愛抱怨者，可能很難意識到：很多抱怨都是他們自己一手造成的。你的工作沒做好，上司自然會找你麻煩；你不注重身材，當然沒有適合你的衣服；你不看天氣預報，被淋成落湯雞了又能怪誰？所以當你試圖抱怨時，不妨先從自己身上找找原因。我們要像天天洗臉、天天掃地那樣天天自省。洗臉、掃地是為了保持表面的乾淨，而自省也是為了去除心靈上的灰塵，保持內心靈魂的潔淨。了解自身的缺陷和不足，分析問題的癥結所在並且對症下藥，才能達到心理上的健康和完善。

下篇　情緒管理─做情緒的主人

4・從容面對生活中的不如意

　　知足常樂是一種高智慧、高 EQ 的表現。在生活中能夠做到知足常樂，就能不被日常瑣事所左右，不讓外界情況影響自己的情緒，從而使自己保持良好的心態去接受生活的考驗。

　　懂得知足常樂，對於個人來說無疑就是減少情緒負擔的靈丹妙藥。它化解你心中的煩悶，驅散你眼前的愁雲，趕走你頭腦中的憤慨，清除你身上的積怨。若無論什麼考驗和衝擊，你都能以良好的心境來對待，那麼還有什麼是你不能戰勝的呢？

　　古希臘哲學家蘇格拉底還是單身的時候，和幾個朋友一起住在一間只有兩三坪的房子裡，但他卻總是樂呵呵的。有人問他：「和那麼多人擠在一起，連轉個身都困難，有什麼可高興的？」

　　蘇格拉底說：「朋友們在一起，隨時都可以交流思想，交流感情，難道不是值得高興的事情嗎？」

　　過了一段時間，朋友們都成了家，先後搬了出去。屋子裡只剩下蘇格拉底一個人，但他仍然很快樂。那人又問：「現在的你，一個人孤孤單單的，還有什麼好高興的？」

　　蘇格拉底又說：「我有很多書啊，一本書就是一位老師，和這麼多老師在一起，我時時刻刻都可以向他們請教，這怎麼不令人高興呢？」

　　幾年後，蘇格拉底也成了家，搬進了七層高的大樓裡。但

第七章　丟掉抱怨情緒─「不公平」是這個世界的一部分

他的家在最底層，底層的境況是非常差的，既不安靜，也不安全，還不衛生。那人見蘇格拉底還是一副樂呵呵的樣子，便問：「你住這樣的房子還快樂嗎？」

蘇格拉底說：「你不知道一樓有多好啊！比如：進門就是家，搬東西方便，朋友來玩也方便，還可以在空地上養花種草，很多樂趣呀，只可意會，無法言傳。」

又過了一年，蘇格拉底把底層的房子讓給了一位朋友，因為這位朋友家裡有一位中風的老人，上下樓不方便，而他則搬到了樓房的最高層。蘇格拉底每天依然快快樂樂。那人又問他：「先生，住七樓又有哪些好處呢？」

蘇格拉底說：「好處多著呢！比如說吧，每天上下幾次，這是很好的鍛鍊，有利於身體健康；光線好，看書寫字不傷眼睛，沒有人在頭頂干擾，白天黑夜都非常安靜。」

後來，那人遇到蘇格拉底的學生柏拉圖，便向他感嘆：「你的老師總是那麼快樂，可是我卻覺得他每次的處境並不是多麼好呀！」

柏拉圖說：「決定一個人心情的不在於環境，而在於心境。」

蘇格拉底每次遭遇的生活境況並不盡如人意，但他卻善於在不利的環境中發現快樂，讓心靈始終保持澄明，若非高 EQ 者，是絕對做不到的。

生活中有很多人，看到身邊人高就的高就，升遷的升遷，發達的發達，自己卻還是在原地踏步，總不免心生豔羨或嫉恨。於是，有些人選擇「命裡有時終須有，命裡無時莫強求」來安慰自己，而有些人卻將這股嫉恨化為怒火，巴不得對方出點

什麼岔子跌入谷底深淵才好,與此同時,自己的情緒也跟隨著他人他物的變動而變動著,無法自制。

其實,知足常樂並非消極。我們知道,一個人的力量是有限的,但一個人的欲望卻是無窮的,這對統一的矛盾體常常讓人感到人生中遭遇的不如意之事太多太多,而可以掌控的事情則太少太少。這個時候,自己一旦被欲望鎖住,便會感到苦悶、不滿或者煩躁。

如果沒有意識到自己心中的這些情緒,未能及時地調整好心態,任這些消極情緒恣意揮發或加強,最終將傷人傷己。而懂得知足常樂的人,他們總是能看清社會的紛擾,看淡名利、地位和金錢,平靜地面對嘲諷,理智地面對追捧。

【情緒調節】

在我們周圍常聽到抱怨生活不公平、不如意的聲音,這些人總是跨不過那扇快樂之門,被憂鬱、傷感困擾。而這些痛苦往往都來源於「把自己擺錯了位置」,總覺得生不逢時,總覺得機遇未到。長期抱怨的人,最容易犯的一個錯誤,就是讓消極的想法在自己腦海裡生根發芽。就像經常有人說的:「我知道我不該抱怨,但我不知道該怎麼讓自己不要抱怨。」坦然面對眼前的變化無常,保持心情舒暢,笑口常開,在自己並不理想的境況下也能找到生活的樂趣而不過於苛求,這就是知足常樂之道。

第七章　丟掉抱怨情緒—「不公平」是這個世界的一部分

5・要看到他人的長處

　　把抱怨的話語掛在嘴邊的人，大多只看到了身邊人不好的一面，因而這裡不滿意，那裡不滿意。其實，只要善於發現他人的長處，就會很容易消除這種消極觀念。

　　中國古代儒家的創始人孔子可謂滿腹經綸，被世人尊為「孔聖人」。他過人之處太多太多，但他卻沒有自命不凡，而是努力去發現別人的長處，虛心向別人請教，始終認定「三人行，必有我師」。

　　因此，不要總是看到別人的缺點，而應該多看看別人的長處，時時檢討自己，看看自己還有什麼地方需要改進和完善。

　　有一位美國作家，她在談到人生中對她影響最大的人的時候，說到了這樣一件事：

　　在她小學的時候，她長得很瘦小，也不好看，成績非常差，所以總是很自卑，對自己沒有一點信心，總覺得自己什麼人都不如，是一個被人看不起的孩子。

　　有一天，老師為所有的同學安排了一個任務，要求每一個同學寫下班上其他同學最突出的一個優點。老師把每個同學寫上來的紙條做了彙整，然後再返回給每一個同學一張紙條，這張紙條上寫的就是其他同學認為的他所具有的優點。

　　當老師把同學們寫的這位作家的優點交到她手上的時候，她看到後非常激動，因為她根本沒有想到原來自己還有這麼多

的優點和美德,而且老師還在上面寫了一個評語:「我為有妳這樣優秀的學生感到驕傲。」

從這一天起,她每天都充滿自信,成績也越來越好,最終成為一位著名的作家。她說:「如果沒有當年同學們的好評和老師的鼓勵,我不知道是否會取得今天這樣的成就。」

生活中,這樣的例子屢見不鮮。做學生的時候,都會有自己喜歡的老師,而我們所喜歡的那位老師,一定是非常欣賞我們的人,而他所教的那一門功課也一定是我們學得最好的那一門課。

正因為這樣,我們在日常生活中應該更多地學會讚美、欣賞別人的優點,對自己的上級應該表示尊敬,對自己的下級應該顯示出對他的欣賞,對自己的同事、朋友、親人應該時常讚美。

如果我們能夠經常發現別人的各種優點,相信我們一定會擁有良好的人際關係,也會得到別人的欣賞和幫助。

冰心曾經說過:「世上一物有一物的長處,一人有一人的價值。我不能偏愛,也不能偏憎。悟到萬物相襯托的理,我只願我心如水,處處相平。」在漫長的人生道路上,我們要善於發現自己和他人的優點,與好心情做伴,相信陰霾的日子也終會成為豔陽天。

第七章　丟掉抱怨情緒—「不公平」是這個世界的一部分

【情緒調節】

實際上，路的旁邊也是路。有時候我們走得不好，不是路太窄了，而是我們的眼光太狹窄了。最後堵死我們的不是路，而是我們自己。努力地去發現他人身上獨具魅力的特點，用欣賞的態度注意他人，你就容易贏得他人的信賴，並在融洽的關係中充分發掘工作與生活的樂趣。

下篇　情緒管理—做情緒的主人

6・以德報怨，路會越走越寬

「以牙還牙，以眼還眼」，可能是有史以來大多數人對待對手最容易採取的手段和方式了。古往今來，在漫漫的歷史長河中，人類演繹了太多冤冤相報和世代為仇的歷史悲劇。

回望歷史，冤冤相報給人類造成太多的痛苦和悲劇，留下無數遺恨和災難。誠然，許多悲劇性事件的發生往往都具有複雜的原因，但爭端無不起源於雙方的互不相讓。

如果人們在面對仇恨時能夠平和心態，寬以待人，放棄不必要的爭鬥，以德報怨，許多悲劇是完全可以避免的，甚至歷史都可能會呈現出一種別樣的美麗。

春秋時期的齊桓公就是這樣一個充滿睿智的偉人。他在與公子糾爭位時曾挨過政敵管仲一箭，差點要了他的性命。應該說齊桓公與管仲之仇不共戴天。

可是，當他登上國君之位後，卻以政治家的敏銳，意識到齊國的發展需要管仲這樣的人才，聽從了鮑叔牙的勸說，齊桓公以博大的胸襟寬容並重用了管仲。

由於齊桓公以毫無芥蒂的重用回報當年的一箭之仇，深深地感動了管仲。從此，管仲便盡心效力國事，鞠躬盡瘁，最終助齊桓公實現富國強兵，「尊王攘夷」，率先登上春秋霸主之位，成就了彪炳千秋的歷史偉業。

歷史上還有很多這樣的佳話。秦漢時期，功成名就的韓信

第七章　丟掉抱怨情緒—「不公平」是這個世界的一部分

沒有殺掉當年讓他受胯下之辱的青年，使此人感激涕零，願意終生為他效勞；三國鼎立時期，孟獲的叛亂嚴重危害了蜀國的穩定，但諸葛亮在討伐南中時，卻一次次放走對手孟獲，最後使桀驁不馴的孟獲心悅誠服，從此效忠蜀漢，聽命於諸葛亮的調遣，成為蜀國鞏固後方的基石⋯⋯

齊桓公的不計前嫌，韓信的寬宏大量，諸葛亮的以德服人，無不讓我們看到歷史上智者的容人肚量和仁者的博大胸懷，看到人類真善美的瑰麗動人。原來，用寬仁來回報傷害，用仁德來回報怨恨，可以讓我們的世界呈現化干戈為玉帛的祥和。

【情緒調節】

以德報怨是不容易做到的，它需要一顆寬容之心。大肚能容天下難容之事，小肚雞腸是萬萬不行的。以德報怨需要你想的不是怎樣去報復對方，而是去原諒他然後思考如何用你的寬容、真誠感化對方，讓他自省確實是錯了。

下篇　情緒管理—做情緒的主人

7・保持空杯心態，塑造全新的自我

我們平常所說的空杯心態，就是要有一種歸零的心態，一種一切從頭開始的決心，將自己以往的成功經驗或是已經過時的學識予以自我「清零」，把自己想像成是一個空的杯子。始終給自己一個全新的自我，不斷地接納、換新，這樣人生的道路才能越走越寬廣。相反，自滿會使我們目光短淺，安於現狀；懈怠則使我們故步自封，坐失良機。

古時候一個佛學造詣很深的人，聽說某個寺廟裡有位德高望重的老禪師，便去拜訪。老禪師的徒弟接待他時，他態度傲慢，心想：我是佛學造詣很深的人，你算老幾？後來老禪師十分恭敬地接待了他，並為他沏茶。可是在倒水時，明明杯子已經滿了，老禪師還不停地倒。他不解地問：「大師，為什麼杯子已經滿了，還要往裡頭倒？」大師說：「是啊，既然已滿了，幹嘛還倒呢？」禪師的意思是，既然你已經很有學問了，幹嘛還要到我這裡求教？

這就是「空杯心態」的起源，其象徵意義是，做事的前提是先要有一個端正的心態。如果想學到更多學問，先要把自己想像成一個空著的杯子，而不是驕傲自滿。因為只有把水全部倒光後，才能吸收更多的東西，不要想著自己知道什麼，而要想著自己其實什麼也不知道，如此才能夠激勵我們不斷地學習、進步，從而適應時代與環境的變化。

第七章　丟掉抱怨情緒—「不公平」是這個世界的一部分

生活中，有些人對這個看著不順眼，對那個抱怨連連，其實是心裡裝了太多東西，總認為自己的想法是正確的。因此，想學到更多學問，想提升職業能力，想在事業上有所精進，首要的一點就是放低自己，把自己想像成一個空著的杯子，端正自身心態，學會接納。

具體來說，想掌控自身的情緒，保持空杯心態，調整好自身的情緒狀態，要從下面幾個方面努力：

(1) 正確評價自我

空杯心態就是忘卻成功，學習變化，受到批評要警惕、警醒，得到讚揚更要警惕、警醒。在鮮花和掌聲面前，看到差距；在困難和挫折面前，不失信心。即能夠客觀、公正、全面地看待自己的一切。

(2) 善於更新自我

空杯心態，應是一種不斷挑戰自我，永不滿足的打拚精神。它要求我們隨時對自己擁有的知識和能力進行重整，清空過時的，為新知識、新能力的進入留出空間，確保自己的知識與能力總是在不斷累積、更新。

(3) 勇於否定自我

空杯心態是對自我不斷否定和揚棄的過程。人類能夠認識自己就已經非常困難，而不斷地否定自己更是難上加難。否定

下篇　情緒管理―做情緒的主人

自我需要胸襟、需要坦誠、需要膽魄，只有勇於否定自己，才能不斷塑造更完美的自己。

【情緒調節】

人無完人，任何人都有自己的缺陷，都有自己相對較弱的地方。也許你在某個行業已經滿腹經綸並十分成功，也許你已經具備了豐富的技能，但是對於新的環境、新的政策、新的對手，你仍然沒有任何特別之處可言。你需要用空杯心態去重新整理自己，去吸收現在的、別人的、正確的、優秀的東西。如果你不去領悟，不去感受，不去學習，仍然高枕無憂地躺在過去成功的經驗之上，那結局將是非常可怕的。

第七章　丟掉抱怨情緒─「不公平」是這個世界的一部分

8・難得糊塗

你能活多久？這個問題恐怕只有等到你離開這個世界的那一刻才會知道。宇宙有多大？這個問題可能到你離開這個世界的時候也沒人會知道。難道所有事情都要弄個究竟嗎？當然不是，凡事都要有個度。

所有事情都要爭個是非的做法並不可取，有時還會帶來不必要的麻煩與危害。比如：當你被別人誤會或受到別人指責時，如果偏要反覆解釋或還擊，結果就有可能越描越黑，事情越鬧越大。最好的解決方法是，不妨把心胸放寬一些，不去理會。

一位旅遊者在義大利的埃特納火山發現一塊墓碑，碑文記述了一位名叫托比的人被老虎吃掉的事件。

由於埃特納火山就在柏拉圖遊歷和講學的城邦——敘拉古郊外，一些考古學家認為，這塊墓碑可能是柏拉圖和他的學生們為托比立的。碑文大意是這樣的：

托比從雅典去敘拉古遊學，經過埃特納火山時，發現了一隻老虎。進城後，他說，埃特納火山上有一隻老虎。城裡沒有人相信他，因為在埃特納火山從來就沒人見過老虎。托比堅持說他見到了老虎，並且是一隻非常雄壯的虎。可是無論他怎麼說，就是沒人相信他。最後，托比只好說，那我帶你們去看，如果見到了真正的虎，你們總該相信了吧？

於是，幾個學生跟他上了山，但是轉遍山上的每一個角

落，連老虎的一根毫毛都沒有發現。托比對天發誓，說他確實在這棵樹下見到了一隻老虎。跟去的人都說他的眼睛肯定被魔鬼矇住了，還是不要說見到老虎了，不然城邦裡的人會說，敘拉古來了一個撒謊的人。

在接下來的日子裡，托比為了證明自己的誠實，逢人便說他沒有撒謊，他確實見到了老虎。可是說到最後，人們不僅見了他就躲，而且背後都叫他瘋子。

為了證明自己確實見到了老虎，在到達敘拉古的第10天，托比帶著打獵的工具來到埃特納火山。他要找到那隻老虎，並把那隻老虎打死，帶回敘拉古，讓全城的人看看，他並沒有說謊。

可是這一去，他就再也沒有回來。三天後，人們在山中發現一堆破碎的衣服和托比的一隻腳。經城邦法官驗證，他是被一隻重量至少在五百磅左右的老虎吃掉的。托比在這座山上確實見到過一隻老虎，他真的沒有撒謊。

這段碑文是不是柏拉圖寫的，考古學界沒有給出確切的答案。重要的是這塊碑文給予世人一種啟示：世界上有許多不幸，都是在急於向別人證明自己正確的過程中發生的。那種急於去證明的人，其實是在尋找一隻能把自己吃掉的老虎。

朋友，你是否曾為證明自己的正確或清白，去尋找過那隻老虎？在事實和真理面前，真正的智者，都是走自己的路，任別人去評說的。

第七章　丟掉抱怨情緒─「不公平」是這個世界的一部分

【情緒調節】

「難得糊塗」是一種智慧，只有飽經風霜、人生坎坷的人才能深得真諦；同時，「難得糊塗」也是一種境界，心中有大目標的人，自然對枝節雜碎不屑一顧，只著眼大方向，為全域性負責，能做中流砥柱。「難得糊塗」需要超凡脫俗、胸襟坦蕩、氣宇軒昂、灑脫不羈、包容永珍的氣度。有人說糊塗是福，我們不妨偶爾也來點小糊塗。

下篇　情緒管理—做情緒的主人

第八章　控制憤怒情緒 ──
不拿別人的錯誤懲罰自己

　　發怒是人之常情，但要學會用理智來控制，不要讓怒火燒昏了頭腦。一個善於利用憤怒的人，會把憤怒藏在心裡，慢慢轉化成一種驚人的力量，使自己默默地沉著前進，奮鬥到底。反之，那些不善於利用憤怒的人，一旦遇到一點小刺激，就立刻大發雷霆，結果不但一無所成，而且常致失財傷身。請牢記：生氣，就是拿別人的錯誤懲罰自己。

下篇　情緒管理—做情緒的主人

1・用理智澆滅心頭的怒火

　　憤怒是指某人在事與願違時做出的一種惰性情緒反應，他的心理潛意識是期望世界上的一切事都要與自己的意願相吻合，當事與願違的時候便會怒不可遏。這當然是痴人說夢式的一廂情願。

　　在憤怒時，人們猶如一頭發狂的獅子，會給周圍的親人朋友帶來痛苦。憤怒使家庭失和，眷屬痛苦，親友厭避。此外，人在憤怒情緒的支配下，往往顧及不到別人的尊嚴，甚至嚴重傷害他人的面子和情感。

　　有一個孩子，常常無緣無故地發脾氣。於是，父親給了他一大包釘子，讓他每發一次脾氣就用鐵錘在後院的柵欄上釘一顆釘子。

　　第一天，小男孩共在柵欄上釘了 12 顆釘子。後來，小男孩漸漸學會了控制自己的憤怒，柵欄上每天新增的釘子數目也少了。他發現控制自己的脾氣比往柵欄上釘釘子要容易得多……終於有一天，小男孩沒有在柵欄上釘下一顆釘子。

　　父親又建議道：「如果你能堅持一整天不發脾氣，就從柵欄上拔下一顆釘子。」經過一段時間，小男孩終於把柵欄上所有的釘子都拔掉了。

　　父親拉著他的手來到柵欄邊，對小男孩說：「兒子，你做得很好。但是，你看一看那些釘子在柵欄上留下的小孔，就算經過了很長時間它們也還將繼續存在。同樣地，當你向別人發過

第八章　控制憤怒情緒－不拿別人的錯誤懲罰自己

脾氣之後，你的言語就像這些釘孔一樣，會在人們的心中留下疤痕。你這樣做就好比用刀子刺向了某人的身體，然後再拔出來。無論你說多少次『對不起』，那些傷口都會永遠存在。」

你是否會在上述故事中的孩子身上找到自己的影子呢？其實，對他人口頭上的傷害與肉體上的並沒太大的差別，一時的憤怒也有可能對他人造成無法抹去的傷害，同時也對兩人的關係造成不可彌補的缺憾。

有了怒火，怎麼辦？根據心理學家的建議，以下是兩條行之有效且非常簡便的方法：

(1) 盡量延遲發怒的時間

如果自己在某一具體情況下總是動怒，那麼先延遲15秒鐘，下次延遲30秒鐘再發火。不斷延緩發怒時間，以致完全消滅怒氣。

(2) 寫一份「動怒日記」

記下自己動怒的時間、地點、對象和原因。你要學會強制自己誠實地記錄自己所有的動怒行為。堅持一段時間後，你很快就會發現，若是自己經常生氣，光是要記錄這些麻煩事就可迫使自己減少動怒的次數了。

如果你渴望提高EQ，管理好自己的情緒，就不要放縱自己怒火的噴發，因為損害他人的物質利益猶可彌補，損害他人的感情和自尊卻無異於自絕後路，自挖陷阱。

【情緒調節】

當你準備發怒的時候,先想想後果會是什麼。如果你知道此時發怒對你有百弊而無一利,那麼請不要逞一時之痛快,最好約束你自己,澆滅心頭的怒火。約束憤怒並不等於壓制憤怒,而是把憤怒引導為一種行為,用到增進自己的事業上來。

第八章　控制憤怒情緒─不拿別人的錯誤懲罰自己

2・別和人發生無謂的衝突

俗話說，在家靠父母，在外靠朋友，良好的人際關係應當是我們日常生活的追求之一。然而，人與人之間的摩擦卻不可避免，有時甚至會發生衝突。

人際關係中的衝突與憤怒情緒相伴而生，而這時的憤怒不僅可能會將事態惡化，更可怕的是有可能破壞自己苦心經營的人脈關係，得不償失。

事實上，有很多衝突僅僅是因為一點小事，而到最後卻弄得雙方僵持不下。對此，我們遇事要一忍再忍，時時關照大局。

在一家電影院門口，一位女士不小心踩了前面一位男士的腳，男士立刻火冒三丈，瞪著眼睛大叫：「妳瞎了眼睛，怎麼走路的呢？」

這時候，女士也不甘示弱，立刻回應道：「怎麼啦，想找碴打架嗎？誰怕誰啊？」話沒說完，兩個人就扭打起來。結果圍觀的人越來越多，嚴重擾亂了公共場所的秩序，兩個人弄得狼狽不堪，都吃足了苦頭。

走路的過程中發生碰撞是很常見的事情，上面兩個人都不甘示弱，最後動起手來，把一件小事弄得越來越複雜，這種做法並不可取。之所以會發生這種情況，與人們的心態有很大關係。這兩個人不能容忍對方，所以遇到事情的時候沒有追求和解的意識，而是一味地追求一時的快慰，只能使矛盾越來越突出。

下篇　情緒管理—做情緒的主人

日常生活中發生一些誤解、摩擦和矛盾是在所難免的，通常我們只要具備遇事和解的心態，能夠控制自己的憤怒情緒，就可以妥善處理與他人的摩擦，從而化干戈為玉帛。如果互不相讓，一定要爭強好勝，就容易使小摩擦演化成大問題，甚至在矛盾激化時釀成大禍，最後損人不利己。

有句話說得好，「紛爭的起頭如水放開，所以在爭鬧之先，必當止息爭競」。尤其是一些無謂的衝突，人們大多是為了爭一時的長短，結果情緒失控以後，讓矛盾一再激化，最後讓自己十分被動。這就要求我們平時修練自己的心性，關鍵時刻才能不「上火」。

(1) 改正認知上的失誤

要控制那些不理性的思維，它會導致我們的頭腦模糊昏聵，使我們喪失判斷力和分析能力，從而更容易對他人發火。常見的不理性失誤包括：武斷、主觀、貼標籤等。

(2) 培養不爭的意識

每個人都要注意加強自己的道德修養，學會替對方著想，尊重對方的人格，從而建立起不爭的意識。這樣我們在遇到事情的時候就能保持冷靜、諒解、寬容和大度。

(3) 樹立大局的視野

遇到矛盾的時候,要考慮到自己更長遠的目標。也就是說,假如任由自己胡鬧,我們能否承受將要出現的結果。意識到這一點,就能站在大局的高度考慮問題,採取恰當的方法解決問題,而不是與人爭鬥。

(4) 凡事耐心傾聽

完全投入地傾聽他人,包括你的身體表現:看著對方的眼睛,跟著對方說話的節奏,這能幫助你找到你們之間的分歧所在。給對方一個解釋的機會,給自己一個緩衝的時段,也許結果會不同。

【情緒調節】

與朋友相處的時候遇到矛盾不能我行我素,而要放下身段追求和解;在工作中與同事發生衝突時,要採取協調的手段解決問題。以理解的眼光看別人,懂得大千世界是五彩繽紛的,人也是各式各樣的,你才能以寬厚的心胸得到別人的擁戴。

3・衝動的時候要緊急煞車

憤怒就像是在喝酒，一旦你喝了第一杯，就會一杯接著一杯地喝下去，越喝越醉，就像酒癮一樣，讓易怒的人失去控制，一旦陷入憤怒的情緒裡就無法自拔。

某地發生一起持刀殺人案。村民王某被人砍死在家中，他的妻子和媳婦也被砍傷。死者身中7刀，而且刀刀致命，作案手段極其殘忍。

報案後，警察在第一時間趕到了現場。此時，凶手已經畏罪潛逃，留下了作案用的砍刀和機車。在被害人指認下，經過警察周密布控，犯罪嫌疑人林某被抓捕歸案。

犯罪嫌疑人林某供認：「我也是一時衝動，為了一口氣。」原來，林某曾與被害人王某的女兒談戀愛，因年齡差距大而遭到女方父母反對。

而更讓林某懷恨在心的是去年年底發生的一件事。對此，犯罪嫌疑人林某是這樣說的：「我去（他家）就坐在那裡泡茶，我只顧我自己泡茶，王某不理我就出去了，過了四五分鐘就有十多個人拿著木棒子過來打我。」林某說，這事發生之後，他就尋思一定要把這個面子給挽回來。

從那時起，林某就想報仇，修理對方。於是，就出現了開頭這一幕。一時衝動，一條人命，破壞了兩個原本美好幸福的家庭。

第八章　控制憤怒情緒—不拿別人的錯誤懲罰自己

都說「衝動是魔鬼」，既是魔鬼，為何還有那麼多人鋌而走險，做些讓人不解的事？如果不是因為衝動，血氣方剛的他們亦不會伸出罪惡之手，釀成無法挽回的血案。世界上沒有後悔藥，事後搥胸頓足地懊悔也於事無補，即便用一生的時間，都難以洗刷烙印在心靈上的汙點。

其實，衝動是一種最無力也最具破壞性的情緒，它給人帶來的負面影響可能遠遠大於我們的想像。

使自己生氣的事，一般都是觸動自己的尊嚴或切身利益的事情，很難一下子冷靜下來，所以當你察覺到自己的情緒非常激動，眼看控制不住時，可以用及時轉移注意力等方法自我放鬆，幫助自己克制衝動的情緒。

那麼，怎樣才能使你的火氣平息呢？

(1) 多角度思考幫助放寬心境

有一種理論認為，把火氣發洩一通，將會使你好受一些。但是，心理學家認為，這是一種最糟糕的做法，而且根本就行不通。他們為此向人們提出了一種名為「重新判斷」的方法，即自覺地從一種比較積極的角度去看待他人對你的「冒犯」。當你遇到有人超車時，如果你能對自己說「這個人大概有什麼急事吧」，或者說「也許我的車開得的確太慢了」，那麼，你就不至於會發火了。心理學家在經過調查後發現，「重新判斷」的確是一種極為有效的控制不良情緒的方法。

(2) 空間距離的調整也不失為一個好方法

當我們對一件事或一個人忽然感到氣憤並可能失去控制時，應該馬上離去，「眼不見心不煩」。比如：你到商店去買東西，遇到售貨員愛理不理的態度，會漸漸憤怒起來。這時，你最好嘀咕一聲「沒有你，我照樣能辦好事情」，再換一家商店買。英國心理學家布洛認為，美感取決於人與審美對象之間距離的遠近。那麼，惡感也是如此。

(3) 息怒還有一個良方是「坐下來」

實驗表明，一個人在情緒激動時，血液中去甲腎上腺素的含量會明顯增高，這種成分會大大加快血液循環，使人活力倍增，於是，他就不甘於座位空間的限制。而當一個人全方位地舒展他的軀體和四肢以後，隨著活動空間的大幅度擴展，他的血液循環又進一步得到加速的刺激，從而使爭吵時所需要的生理能量獲得階段性的供應。發脾氣是一種情緒發洩，在生理上依賴於一定的能量供應。如果我們能抑制自己的生理能量供應，發怒的程度也會隨之下降。坐下來之所以能成為息怒良方，其原因也就在此。

第八章　控制憤怒情緒—不拿別人的錯誤懲罰自己

> **【情緒調節】**
>
> 　　想像自己的嘴上貼了一個密封膠帶，反覆告訴自己，生氣的時候千萬別立刻發洩，否則就會傷了自己。憤怒是人的弱點，而不像很多人認為的是一種勇氣。大膽和勇敢，不是動輒發怒，心靈真正強大的人能夠保持沉默，而非暴躁和敏感之人。

下篇　情緒管理―做情緒的主人

4・妥善處理人際摩擦

　　一個人每天都要接觸他人，在人際關係中難免發生碰撞。小摩擦處理得好，可以化干戈為玉帛，處理不當，可能釀成大禍。絕大多數發脾氣、鬥脾氣者的結局，往往都不怎麼妙。因此，許多人這樣評價善發脾氣者：「脾氣來了，福氣走了。」這話雖然不中聽，但事理的確如此。

　　唐先生每天騎車上下班，在車流擁擠的道路上，總少不了一些意外。每次與別人發生碰撞，他心裡總是很惱火，接著便雙方互相埋怨，有時甚至演變成口角衝突。

　　一天晚上，他騎車過XX路，在一個丁字路口準備左轉時，前面過來一輛機車，速度很快。由於避讓得不夠默契，雙方便趕緊煞車，但還是輕輕碰上了。

　　騎車的是個中年男人，沒說話，站起來看了看碰撞的位置。唐先生此時一肚子的火，「交叉口也騎得這麼快！」抱怨之後，又朝他瞪眼睛，心想絕對不能服軟。

　　「路這麼寬，能碰到一起也是緣分，不過我們就擦撞了一下，看來緣分還不深。」對方回應的是一句俏皮話和滿臉的笑容。

　　這個回應讓唐先生非常意外，第一次聽說這種車禍叫緣分。頓時，唐先生緊繃的臉也情不自禁地露出了笑容，火氣立刻消退得一乾二淨。

　　一句幽默的背後，是大度與寬容，是退一步海闊天空的智

第八章　控制憤怒情緒─不拿別人的錯誤懲罰自己

慧。生活中，人與人之間難免會遇到小摩擦，不妨用沉穩的心態對待，用寬容來化解，讓人際關係變得更融洽。相反，如果大動肝火，那麼小摩擦就會變成大矛盾，直至無法收場。

由此可見，一個人要在心理上寬容他人，多一分理解，以誠待人，以情感人，以理服人，不要被一時的憤怒情緒所左右。這樣做，就能讓人際摩擦消失於無形，不讓自己因為憤怒而吃虧。

所以，當我們感到生氣、焦躁或是不安的時候，不要急著往前衝，請後退兩步吧！後退兩步，並不表示我們停滯不前，甘於懦弱，而是可以讓我們的視野更開闊，助我們把情況分析得更透澈，從而做出正確的判斷。

而且，因為你後退兩步，許多矛盾便會一下子化解得無影無蹤，從而讓你擁有海闊天空的心境。「退步」是一種智慧，是一種胸懷，是一種寬容，是一種高尚，是一種修養。世上的事，往往不一定要爭個你死我活，誰高誰低。

【情緒調節】

怎樣才能做到妥善處理和別人的摩擦呢？這就要求我們自覺加強自身道德修養，學會替對方著想，尊重對方的人格，有互相保護、互相幫助的願望和意向，做到遇事冷靜、諒解、寬容和大度。最重要的是要誠信待人，不必太爭強好勝，不與他人計較得失。還要有足夠的自信及時刻面帶微笑，這樣就能把人際關係處理得很好。

5・與其憤怒，不如自嘲

美國著名演說家 L・羅恩・賀伯特，頭禿得很厲害。在他過 60 歲生日那天，有許多朋友來為他慶賀生日，妻子悄悄勸他戴頂帽子。賀伯特卻大聲說：「我的夫人勸我今天戴頂帽子，可是你們不知道禿頭有多好，我是第一個知道下雨的人！」這句嘲笑自己的話，一下子使聚會的氣氛變得輕鬆起來。

對於每個人而言，生命中總會有不盡如人意的時候，問題在於怎樣面對。人力不能改變時，要面對現實，與其怨尤、發怒，不如調整心態，面對現實，在既有的條件中去發掘機會。而自嘲作為一種生活藝術，它具有干預生活和調整自己的功能，它不但能為人增添快樂，減少煩惱，還能幫助人更清楚地認識真實的自己，戰勝自卑，應付周圍的眾說紛紜和評頭論足帶來的壓力，擺脫心中種種失落和不平衡，獲得精神上的滿足和成功。

1950 年代，有一次，美國總統杜魯門會見麥克阿瑟將軍，當時兩人的關係非常緊張。會見中，麥克阿瑟拿出他的菸斗，裝上菸絲，把菸斗叼在嘴裡，取出火柴。當他準備劃燃火柴時，才停下來，轉過頭看看杜魯門總統，問道：「我抽菸，你不會介意吧？」顯然，這不是真心徵求意見。在他已經做好抽菸準備的情況下，如果對方說他介意，那就會顯得粗魯和霸道。這種缺乏禮貌的傲慢言行使杜魯門有些難堪。然而，他只是狠狠

第八章　控制憤怒情緒—不拿別人的錯誤懲罰自己

地盯了麥克阿瑟一眼，自嘲道：「抽吧，將軍，別人噴到我臉上的煙霧，要比噴在任何一個美國人臉上的煙霧都多。」

由此，我們看到，當令人難堪的事實已經發生，運用自嘲，能使你的自尊心透過自我排解的方式受到保護，不至於失去平衡，並且，還能展現出自己的大度胸懷，有助於在交際中得分。而如果選擇憤怒，只會導致局面更僵，給自己和他人都造成極大的困擾。

自嘲在交際中具有特殊的表達功能和使用價值。概括起來，主要有下面 4 個方面：

(1) 運用自嘲，傾吐鬱悶

在生活、工作中，遇到不公正的待遇，或受到不合理的評價時，自己氣不過，但又不便直接說出時，就可運用自嘲，以委婉暗示的方式，把內心的鬱悶、不滿吐露出來，以正視聽。

(2) 運用自嘲，擺脫窘境

在交際中，當對方有意無意地觸犯了你，把你置於尷尬的境地時，藉助自嘲擺脫窘迫，是一種恰當的選擇。

(3) 運用自嘲，打破僵局

在與人交涉事務時，運用自嘲，有時能收到以退為進的效果。也就是說，透過自嘲，你可以破解眼前的僵局，掌握主動權。

(4) 運用自嘲，增加幽默感

大凡具有幽默感的自嘲，往往是將自己的缺陷誇張化和形象化，很能表現自己的坦誠品格，易於得到對方的信賴和好感。

【情緒調節】

要注意，自嘲雖具有一定的調節功能，但也有明顯的局限性，它充其量不過是一種輔助性的表達手段，不宜到處濫用。比如：對話答辯、座談討論、調查訪問等，就不宜使用自嘲，而應直抒胸臆、坦率誠實地吐露思想觀點，介紹情況，回答問題。如果不看場合時機，隨意使用自嘲，就會弄巧成拙。

第八章　控制憤怒情緒─不拿別人的錯誤懲罰自己

6・把嘲諷當作耳旁風

「走自己的路，讓別人去說吧」是但丁的一句名言。它告訴我們，有些事情不要放在心上，更不能為之斤斤計較。要做到這一點，是需要智慧的。

在人生的旅途中，常常會遭到別人的非議和異樣的眼光，我們應以平靜的心態去包容它，不要因為別人的刺激而憤怒。因為，流言蜚語就像影子一樣，只要有太陽掛在我們的頭頂，他們就會畏縮在我們的腳下。

「諸葛亮罵死王朗」是《三國演義》中婦孺皆知的故事。蜀國丞相諸葛亮一出祁山，魏國司徒王朗自吹自擂，以為憑藉自己的三寸不爛之舌就能陣前勸降諸葛亮，沒想到反被諸葛亮一番羞辱，急怒攻心，摔死於馬下。

同樣是面對諸葛亮的嘲諷，司馬懿的心理素養就好得多，他應對自如，顯示了一個卓越領導人應有的情緒控制功夫。

諸葛亮六出祁山，火燒葫蘆谷，差點要了司馬父子的命，司馬懿卻拒絕出戰，和諸葛玩消耗戰。後來，諸葛亮想了一計，送女人裙釵、胭脂水粉給司馬懿，激他出戰。結果，司馬懿識破諸葛亮的計謀，雖然心中惱怒，但只是當著使者說了一句：「孔明把我看作女人了嗎？」並厚賞使者，向使者詢問諸葛亮身體怎麼樣，每天做些什麼，從而判斷諸葛亮病勢嚴重，命已不長。

由此可見，面對嘲諷，我們要分析對方的意圖，他為什麼要嘲諷你？想讓你傷心、憤怒。既然知道了對方的意圖，你還會輕易中計嗎？

面對他人的挑釁，比憤怒更有效的是，臉上帶著燦爛的笑容對諷刺你的人說：「你也許是對的！」如果你不能保證自己笑得燦爛，那麼，裝作聽不到他的話，轉身離去也是一個很好的選擇。

總之，我們要記住：別把他人的話放在心上，學會遠離憤怒，「辦法」就開始向你遙遙招手了，快樂就會立即來到你的身邊，而嘲諷則得到它應有的結局——成為毫無意義的耳邊風。

【情緒調節】

面對他人的挑釁，你要這樣做：調動理智控制自己憤怒的情緒，使自己冷靜下來。在遇到較強的情緒刺激時應強迫自己冷靜下來，迅速分析一下事情的前因後果，再採取表達情緒或消除憤怒的措施，盡量使自己不陷入衝動魯莽、簡單輕率的被動局面中。

第八章　控制憤怒情緒—不拿別人的錯誤懲罰自己

7・學會疏導你的怒氣

　　人情緒中有兩大暴君，即憤怒與欲望，與單槍匹馬的理性抗衡。感性與理性對心理的影響相反，人的激情遠勝於理性。一個人必須學會自我調節，高 EQ 的重要象徵是──學會制怒，不輕易受到傷害。

　　人在憤怒時千萬要注意兩點：

- 不可惡語傷人，這不同於一般的對事情發牢騷，會使別人留下深刻的傷害；
- 不可因憤怒而輕洩他人的隱私，這會使你不再被信任。

　　總之，無論在情緒上怎樣憤怒，但在行動上千萬不能做出無可挽回的事來。人在受傷害後最好的制怒之術是等待時機，克制忍耐，把復仇的希望寄託於將來。

　　我們對人所造成的傷害，再多的彌補往往也無濟於事，寧可事前小心，而不要事後悔恨。所以在生氣的時候，不管怎樣總要留下退一步的餘地，以免做出無法挽回的事情來。

　　在現實生活中，有人只顧一時的口舌之快，有意無意地對他人造成了傷害，殊不知這些傷害就像釘孔一樣，也許永遠都無法彌補。

　　憤怒是情緒中可怕的暴君，憤怒行為會傷害他人，也會傷害自己。培根說：「憤怒，就像地雷，碰到任何東西都一同毀

滅。」如果你不注意培養交往中必需的 EQ，培養自己忍耐、心平氣和的性情，一碰到「導火線」就暴跳如雷，情緒失控，即便你有再好的人緣，也會因此全部被「炸」掉。

　　心理學認為，生氣是一種不良情緒，是消極的心境，它會使人悶悶不樂，低沉陰鬱，進而阻礙情感交流，導致內疚與沮喪。相關醫學數據認為，憤怒會導致高血壓、胃潰瘍、失眠等。據統計，情緒低落、容易生氣的人，患癌症和神經衰弱的可能性要比正常人大。和病毒一樣，憤怒是人體中的一種心理病毒，會使人重病纏身，一蹶不振。可見憤怒對人的身心有百害而無一利。

　　怒氣似乎是一種能量，如果不加控制，它會氾濫成災；如果稍加控制，它的破壞性就會大減；如果合理控制，甚至可能有所創益。

　　研究顯示，最後失去控制、大發雷霆的人，通常都經歷了情緒累積的過程。每一個拒絕、侮辱或無禮的舉止，都會給人遺留下激發憤怒的殘留物。這些殘留物不斷地積澱，急躁狀態會不斷上升，直到出現「最後一根稻草」，個人對情緒的控制完全喪失，勃然大怒為止。所以制怒的最好方法不是壓抑自己的怒氣，而是進行恰當的疏導。

第八章　控制憤怒情緒─不拿別人的錯誤懲罰自己

【情緒調節】

如果長期以來你總是在生氣，那就要趕緊處理一下自己的憤怒了，因為很多人並不知道過去發生的事情會對現在造成影響。

你不妨仔細整理一下從小到大的成長經歷 —— 父母、老師、同學、鄰居、初戀情人、男女朋友、丈夫妻子、孩子、同事、上司，或者其他一些人 —— 他們有沒有傷害過你？把那些讓你感到憤怒的事情一一列出來，寫在紙上。然後，你要問問自己：關於這個憤怒，我以前是怎麼處理的？是否妥當？如果沒有處理過，那就要趕緊去做。問題解決之後，或許你會發現一個煥然一新的自己。

下篇　情緒管理—做情緒的主人

第九章　清除焦慮情緒 ──
自我減壓，生活可以更輕鬆

　　焦慮，是現代人的通病。為了房子傷神，為了票子奔波，為了孩子拚命，越來越大的壓力讓許多人對現實充滿了不滿，對未來充滿了恐懼。更可怕的是，這種焦灼的狀態，正在侵蝕我們的身心健康。其實，這些壓力，有些是客觀存在的，有些是我們對自己施加的，不管怎樣，給自己減減壓，生活可以變得更輕鬆。

下篇　情緒管理—做情緒的主人

1・說出壓力，清理情緒垃圾

並非所有的壓力都對人們的生活、課業、事業有益。凡事不可過度，過度的壓力不僅影響人們的身心健康，還會對人們的生活、事業、學習產生極壞的影響。因此，我們要學會控制自己的情緒，避免因過度的壓力而影響自己的生活。

很多人都有這樣的體會，在有煩惱、不高興的時候，找朋友或者親人述說一番之後，心情就變得好起來。這裡面的道理有很多。首先，說話的過程就是宣洩的過程，自己有了想法，沒有輸出的管道，憋著就很難受。其次，說出來也是在討論問題，也許在聽別人的意見時會獲得解決方案，哪怕得到一點啟發也是好的。所以有壓力需要說出來，不要憋在心裡。

張女士從事財務工作，工作比較枯燥機械。因為從小就性格內向，所以不太合群，朋友極少。畢業後三年來一直在不停地找工作，換工作，每次換工作都是由於人際關係問題，因為她的不合群，老闆普遍認為她缺乏團隊合作精神，所以試用期一結束就被炒掉。

這三年的經歷造成張女士嚴重缺乏自信，同事覺得跟她在一起壓抑鬱悶，也不愛跟她說話。除了電腦以外她對什麼都沒什麼興趣，情緒低落，憂心忡忡，飯也吃不下，也不願出門，生存的壓力逼得她喘不過氣來。

看著張女士的苦悶，她的父母也憂在心頭。後來抱著試試

第九章　清除焦慮情緒─自我減壓，生活可以更輕鬆

看的態度，替她介紹了一個男朋友，想不到兩人見過幾次以後還真的成為戀人。後來男友經常帶著她參加社會活動，她的心情也開朗了很多。最後在男友的開導下，張女士主動將心裡的煩惱說了出來，男友仔細地聽完之後，非常誠懇地告訴她：「妳其實沒有任何問題，妳的人品和技能都很優秀，就是不愛和別人交流，找不到工作也是暫時的，慢慢來，一切都會好起來的。」

隨著男友一些有意的安排，張女士逐步嘗試和人主動打招呼。近一年之後，張女士情緒已經徹底好轉，白天有精神了，臉上也有了幸福的笑容，願意出門了，並且在一家不錯的公司獲得了一份工作。

有了煩心事，或者因為一些奇怪的想法而心事重重時，如果不說出來解決掉，只會加重心理負擔。反之，再難以解決的問題，都及時說出來，聽聽別人的意見，就能放鬆自己，減輕壓力，也就不會有焦慮情緒了。在上面的故事中，張女士在男友的引導下說出了心裡的煩惱，最終擺脫了憂慮的情緒。民間有一種說法：一個人晚上做了不好的夢，早上對人說出來，夢所預示的災難就會化解掉。這雖然看似有些迷信，但如果以上述心理學原理來分析，其中也不乏科學道理。因為把不好的夢對人說出來，其實就是把心裡的壓力釋放出來，它會讓你以更好的心態去處理所面臨的問題。

把內心的壓力說出來，就是「清理」。醫學家和心理學家建議，你可以對自己說，或對著鏡子裡的自己說。「自我對話」的目的，是幫助自己對不合邏輯、不合理的思想保持自覺。

下篇　情緒管理—做情緒的主人

　　譬如，把一件小事看成了天大的事情時，你就對自己說：「這件事情並不重要，也不複雜，不用老擔心著。」對某個人或某件事有情緒化的、誇大其詞的念頭時，你就對自己說：「注意呀，我有過處理這個問題的經驗。」對某些事物充滿疑慮或者不滿意時，你就對自己說：「情況還沒有搞清楚呢，有時間我再問問，現在何必著急呀？」

　　千萬不要小看這些對自己的念頭做清點時的「言語結論」，這些話說出來後，就會使人截斷負面思想，擴大情緒的自我渲染，增加自信，避免在情緒上陷入過度的敏感、自責、緊張、自憐，甚至於絕望之中。

　　研究顯示，這一類「用有聲言語下的結論」，對身體、心理有很大的引導、定型、安撫作用，如同臉上常掛笑容，心情就會好起來。從這個意義上講，說出壓力是個好習慣，應該受到贊同和鼓勵。

> 【情緒調節】
>
> 　　感覺千頭萬緒，不知所措時，找一位知心好友，或專業諮商師，或有經驗的長輩，說出內心的恐懼和問題。有時候，我們面臨的問題並不嚴重，只是在心慌意亂時無法冷靜思考，如果能夠經過傾吐、發洩，或聽聽別人的意見，看清問題的癥結所在，找出解決方法，即可豁然開朗。

第九章　清除焦慮情緒─自我減壓，生活可以更輕鬆

2・尋找你的社會支持

　　一個人在自己的社會關係網中，經常需要來自他人的物質和精神上的幫助和支持。一個完備的支持系統包括親人、朋友、同學、同事、鄰里、老師、上下級、合作夥伴等，當然，還應當包括由陌生人組成的各種社會服務機構。

　　內心充滿焦慮的時候，不要忘記我們的社會支持系統。每個人都不是孤身奮戰的，親人、愛人、朋友等都可以分享我們的快樂和喜悅，承擔我們的悲傷和痛苦，他們是我們的社會支持系統。

　　對每一個上班族來說，如果能在這幾方面有足夠的社會支持，將有利於他們克服工作和生活中的困難。

　　陳群傑多年前從一所護校畢業，到 A 市一間工廠當護理專員。最初一切都很順利，一場意外卻打亂了他平靜的生活。

　　原來，在替一位發燒工人打點滴後，工人出現了特殊症狀，「我從未遇到過這種情況，束手無策。工人被緊急送往附近醫院後搶救過來。這不完全是我的失誤造成的，但周圍的人都認為和我有關，不再信任我。我心裡很不舒服，只好離開那裡……」

　　後來，陳群傑和一個老鄉來到 B 市，但他沒找到嚮往的工作──駐廠護理師，因為 B 市是不配備駐廠護理師的。隨身攜帶的兩三萬元花光後，萬般無奈的陳群傑只好到一家工廠做保全。

下篇　情緒管理—做情緒的主人

　　接著,陳群傑陷入焦慮的狀態,最後不得不求助於一位做心理諮商的吳教授。吳教授問陳群傑:「現在打算做什麼?」

　　陳群傑說他很想考醫師助理證照,如果考過了,以後的生活會順利很多。陳群傑明白自己需要看書,可是無法專心,甚至一看書就分心,「我是工廠保全,空閒時間很多很無聊,經常胡思亂想,也不知該找誰說話。實在憋得慌,我就到一家修車行幫忙,沒薪資,只包一餐飯,我就想把自己弄得筋疲力盡,這樣才不會亂想。」

　　「主要想些什麼?」吳教授問。

　　「想自己考過了會如何,考不好怎麼辦,想自己為什麼變得這麼沒用⋯⋯什麼都想⋯⋯」但陳群傑不敢告訴父母,他覺得對不起父母,「我也不願意和同學聯絡,他們都過得比我好,我覺得沒面子。今天是我說話最多的一天,平時身邊沒人可以和我談天。」

　　吳教授認為陳群傑是個不錯的年輕人,但在認知上過於絕對化、片面化,他總是用「不允許」、「不應該」來評價自己,說明他總是把事情的負面性放大,屬於比較悲觀的性格,會為了一點失誤而否定自己。

　　其實,生活中有許多人都有陳群傑這樣的經歷。他們缺乏社會支持和情感支持,做事的決心往往不夠大。如果他們與家人住在一起,就有一個社會支持系統,或許就不會感到極度的空虛、無助、失望。

　　人生的終極目的是得到幸福的感受,是獲得精神上的滿足和自我價值的認可。多少人竭盡全力追求成功和卓越,有時

第九章　清除焦慮情緒─自我減壓，生活可以更輕鬆

候,一項項接踵而至的成功的確可能在某種程度上滿足我們內心的需求,但是更高的目標、更強的競爭對手仍令我們望而生畏。在成功只屬於少數人的殘酷規則裡,又有多少人心力交瘁?

　　許多時候,與其用不斷取得成就來滿足自我,不如啟動我們的「社會支持系統」,從良好的人際關係中獲得溫暖、愛、歸屬感和安全感,這樣就算是平凡地度過一生,也可以獲得很大的幸福。

> **【情緒調節】**
>
> 　　對於被憂慮情緒困擾的我們而言,社會支持猶如雪中送炭,帶給我們持久的溫暖、安全,同時幫助我們重振生活的信心、勇氣和力量。他們的存在,提升了我們的幸福感和成就感,使我們的人生變得圓滿。親人通常能夠給我們物質和精神上的幫助,朋友則較多地承擔著情感支持,而同事及合作夥伴則與我們進行業務方面的交流。

3・傾訴：分憂則憂半之

一位主持過數百個以愛和人際關係為主題的工作室的心理治療顧問說：「不管是害怕或其他消極情緒，能毀掉一段關係的唯一方法，是我們不讓對方知道自己的感受。」

的確，將情緒化為語言非常重要，也許你以為說出來一定沒有好結果，但結果可能恰恰相反。大家都想坦誠，和別人開誠布公地分享自己的情緒，這是一件好事。對方會因為你的坦然，從而互相包容弱點，對彼此更加欣賞。

如果在人際關係中多做情緒交流，即使是惡劣的情境也能得到改善。

秀芳在生丈夫正凱的氣。他們都是上班族，秀芳覺得正凱並未與她分擔家務。她知道正凱對她的「河東獅吼」並不理睬，所以她要和他進行一次交流。

「正凱，我需要和你談談。我上了一整天的班，又要做大部分家務，我覺得我快崩潰了。」即使她盡了最大努力，正凱還是會採取防禦姿態。

「噢，妳又來了！好吧，妳告訴我，妳要我怎麼做？」

秀芳轉換成反射式傾聽：「聽起來你在為這件事而生氣。」

正凱說：「不是，但每次我都認為我已經很努力在做了，卻好像永遠不夠似的。」

秀芳繼續停留在反射式傾聽中：「所以，你也覺得受不了？」

第九章　清除焦慮情緒—自我減壓，生活可以更輕鬆

　　正凱說：「我可以感受到。我的問題是，我回到家時也是一樣非常疲憊。是否有個方法可以解決這個問題？」

　　秀芳和正凱透過情緒上的交流幫助他們消減了彼此的怒氣，也幫助他們化解了彼此的心結。許多情況下，夫妻、朋友、手足和商業夥伴都需要進行情緒上的交流。

　　在進行情緒交流的過程中，我們要應用接受、選擇、力行的「三步曲」原則：

(1) 接受自己的情緒

　　找出一項你想和別人交流的感覺，可以是單純地分享以求回饋，或者表達在人際關係中，像是生氣或傷心的情緒。完全接納你所感受的情緒以及你的情緒是準確無誤的事實。

(2) 選擇新的目的、想法和情緒

　　檢驗你交流情緒的目的。舉例來說，如果你生氣，你是想要獲勝、掌控、報復還是保護你的權利？探求這些目的的結果是什麼？你是否願意接受這種結果？你還能選擇什麼新的目的？你的目的可以是增加合作，或者確信你的願望受到尊重。確定你的想法，而後在生氣或傷心的例子中，檢驗你想法中的敵意部分，進一步檢查你是否在要求、抱怨和責怪。你如何改變你的想法從而使它成為更理性的思考？你能找出此情形中的任何幽默感嗎？在你的筆記本中，記錄你的這些觀察。

(3) 力行你的新選擇

一旦你掌握了自己的情緒狀態,必然知道如何選擇積極的情緒。接下來,你就要克制不良情緒,使自己保持良好的情緒狀態了。最後的行動,至關重要。

【情緒調節】

焦慮本身常常是一種模糊不清、莫名其妙的擔心。因此有焦慮感的人,最好能把自己的擔心向親朋好友傾訴出來。如果沒有合適的傾訴對象,也可用筆寫在一張紙上。如此可有以下收效:第一,把混淆不清、令你心亂如麻的問題理出頭緒;第二,原以為是重要無比的事情,卻可能讓你忽然覺得「不過如此」;第三,原以為是不大的事情,竟是關鍵所在。

第九章　清除焦慮情緒─自我減壓，生活可以更輕鬆

4・不要預支明天的煩惱

聽過一個故事，說是死神來到一個村落，向那裡的人宣布：「明天我要帶走 100 個人的生命，至於是哪 100 個人，謎底就留待明天揭曉吧！」

次日，當死神再次回到村落準備帶人的時候，意外地發現這個村落之中，一夜之間竟然死了 1,000 個人。

為了明天而憂慮，其破壞力何等之大。戴爾・卡內基說：「懷著憂愁上床，就是背負著包袱睡覺。」

有個小和尚，每天早上負責清掃寺廟院子裡的落葉。

在冷颼颼的清晨起床掃落葉實在是一件苦差事，尤其在秋冬之際，每一次起風時，樹葉總隨風飛舞落下。

每天早上都需要花費許多時間才能清掃完落葉，這讓小和尚頭痛不已。他一直想要找個好辦法讓自己輕鬆些。

後來有個和尚跟他說：「你在明天打掃之前先用力搖樹，把落葉通通搖下來，後天就可以不用辛苦掃落葉了。」

小和尚覺得這是個好辦法，於是隔天他起了個大早，用力地猛搖樹，這樣他就可以把今天跟明天的落葉一次掃乾淨了。一整天小和尚都非常開心。

第二天，小和尚到院子一看，不禁傻眼了。院子如往日一樣落葉滿地。

老和尚走了過來，意味深長地對小和尚說：「傻孩子，無論

下篇　情緒管理―做情緒的主人

你今天怎麼用力,明天的落葉還是會飄下來啊!」

小和尚終於明白了,世上有很多事情是無法提前的,唯有認真地活在當下,才是正確的人生態度。

確實,生活中我們也常常和小和尚一樣,企圖把人生的煩惱都提前解決掉,以便將來過得更好、更自在,活得無憂無慮。而實際上,很多事是無法提前完成的。過早地為將來擔憂也於事無補,只能讓自己覺得非常失敗。

人生裡有93％的煩惱都不是必需的,它們只存在於自我的想像中,往往並不會出現。許多人心裡潛藏著一隻叫做「煩惱」的小螞蟻,常常跑出來吃掉自己難得的快樂。

因此,不要預支明天的煩惱,不去想著早一步解決掉明天的問題,才能使自己過得輕鬆。若懷著憂愁過每一天,設想自己可能遇到的麻煩,只會徒增煩惱。

【情緒調節】

明天會有什麼煩惱無法預知,因此你今天是無法完全解決的。唯有保持心靈的堅強,即便有任何困難出現,也可坦然地去面對,去解決。況且,再幸福的人也有煩惱,再不幸的人也有快樂。世間的每個人都有喜怒哀樂,抱著憂慮情緒不放,只會把快樂丟棄。

第九章　清除焦慮情緒─自我減壓，生活可以更輕鬆

5．轉壓力為動力，焦慮也隨之消除

壓力如同水──可載舟，也可覆舟。如果能把壓力變成動力，壓力就是蜜糖；如果把壓力憋在心裡，讓它無休止地折磨自己，壓力就是砒霜。

許多時候，前進的動力就來自各方的壓力。而「壓力能夠化為動力」，也有物理學上的依據。下面這個故事，就很有說服力。

傳說美洲虎是一種瀕臨滅絕的動物，世界上僅存十幾隻，其中秘魯動物園裡有一隻。秘魯人為了保護這隻美洲虎，專門為牠建造了虎園，裡面有山有水，還有成群結隊的牛、羊、兔子供牠享用。奇怪的是，牠只吃管理員送來的肉食，常常躺在虎房裡，吃了睡，睡了吃。

有人說：「失去愛情的老虎，怎麼能有精神？」為此，動物園又定期從國外租來雌虎陪伴牠。可是美洲虎最多陪「女友」出去走走，不久又回到虎房，還是打不起精神。

一位動物學家建議說：「虎是林中之王，園裡只放一群吃草的小動物，怎麼能引起牠的興趣？」動物園裡的管理人員採納了專家的意見，放進了三隻豺狗，從這以後美洲虎不再睡懶覺了。牠時而站在山頂引頸長嘯，時而衝下山來，雄糾糾地滿園巡邏，時而追逐豺狗挑釁。

美洲虎有了攻擊的對手，也就有了壓力，有了壓力就使牠精神倍增，與以前大不一樣了，才變得生龍活虎。大自然裡是

下篇　情緒管理─做情緒的主人

這樣，社會生活中也是如此。

一位出生在普通人家的年輕人十分喜歡文學，但他在30歲之前從來沒寫出過令自己滿意的作品。他的家人希望他能經商，這樣生活可以更富足些，但是他卻希望能夠寫作。他最大的希望就是有人能提供一年的生活費用給他，讓他能夠安穩地寫作。

但殘酷的生活讓他不得不走上經商的道路，他先後辦了不少廠子，但都失敗了。萬般無奈，他只好走上賣字求生的還債之路。一年之內，他發瘋似的寫下了3部小說，但那些書反響平平，銷售也不理想，而且因為版權得不到保護，即使小說寫成，也不足以解決生計問題。

接著，他改做記者，為多家日報撰稿，他每天寫大量的文字，換來一些微薄的稿酬。

債主天天上門逼債，他絕望過，也想過放棄。但他十分崇拜白手起家、意志堅強的拿破崙，他把拿破崙的畫像放到書桌前，鼓勵自己必須堅持下去。

於是，他又開始創作小說。他一天睡四五個小時，喝大量咖啡，每天晚上8點上床，午夜起來寫作，直到早上8點。為了讓自己的文字盡快變成金錢償還債務，每天早餐之後，他就把手稿送到印刷廠。因為創作時間倉促，文章中經常有錯字和文理不通的部分，他只好對校樣改了又改，有時甚至大段大段地重寫。

他在30歲之後的生活幾乎全是為債務而發瘋似的寫作。在後來的20年內，他創作了一百多部小說，其中的《人間喜劇》、

第九章　清除焦慮情緒—自我減壓，生活可以更輕鬆

《高老頭》等數十篇小說成為傳世之作。在他逝世的前兩年，他還在修改二十多年前的手稿。

這個人就是法國著名的作家巴爾札克。巴爾札克能從一個平庸作家成為著名作家，動力竟來源於那些鉅額債務。為賺錢還債，他寫作寫作再寫作。很難想像一個偉大作家的創作動機竟然是這樣，但這個故事卻讓我們明白，壓力可以成為成功的催化劑，它可以催生許多奇蹟。

人活在世上，雖然無法逃避生活和工作中的種種壓力，但是卻有辦法去戰勝它，而戰勝它的最佳辦法就是，先放「心」面對，再用「心」解決。所謂用「心」解決，就是要弄清壓力的產生根源。人們普遍認為壓力是問題引起的，其實引起壓力的真正原因是：一個人對問題的態度。事情的本身並無絕對的壓力可言。因此，感受到壓力的時候，最好的做法是找一個出口，嘗試尋找解決問題的方法，這樣不但有助於及時化解難題，還能轉移注意力，化壓力為動力，從而促進個人進步。

【情緒調節】

把壓力排出去，把動力吸進來，必須改變我們的處事態度。當你面對無法擺脫的憂慮時，就應該反覆地對自己說：「這是對我的挑戰和考驗。」「這是催促我努力學習，積極工作，奮發向上的動力。」只要換個角度去思考，態度一改變，壓力很快就能轉化為動力。

下篇　情緒管理─做情緒的主人

6・放慢前進的腳步，欣賞路上的風景

現代社會彷彿一夜間進入了快節奏。走在街頭，滿眼充斥著「速食」、「快捷」、「快遞」之類的字眼和廣告招牌。而電視速配徵婚、列車大提速甚至在城市中頗為流行的閃婚等社會和經濟現象，更是成為人們街頭巷尾熱議的話題。

人們行色匆匆地奔走在路上，熙熙攘攘而來熙熙攘攘而去，不肯做稍稍停留，一個「忙」字幾乎成了我們每個人的口頭禪。

當下，每個人都在為各自的人生目標，為所謂的成功奮鬥──為事業，慘淡經營；為金錢，疲於奔命；為孩子，勞碌奔波；為家庭，日夜兼程。得到的與得不到的，每天是處心積慮；得到多的與得到少的，整日裡憂心忡忡。

仔細想一想不難發現，童年時那一顆透明心，少年時那一顆純真心，青年時那一顆火熱心，早已在疲於奔命的追趕中不見了蹤影。

內心充滿了焦慮，並不是好事，還是讓靈魂跟上我們的腳步吧。放慢自己的前進步伐，換一種心情，休息一下，放鬆一下，會有前所未有的幸福感。

有一個年輕人身心疲憊，於是詢問上帝：「為什麼我活得這麼累啊？」上帝說：「你牽一隻蝸牛去散步吧！」

第九章　清除焦慮情緒—自我減壓，生活可以更輕鬆

蝸牛爬得實在太慢了。年輕人不斷地催牠、唬牠、責備牠。牠卻用抱歉的目光看著他，彷彿在說：「我已經盡全力了！」

年輕人又急又氣，就去拉牠、扯牠，甚至踢牠。蝸牛受了傷，反而越爬越慢了，後來乾脆趴在那裡不肯動了，而年輕人已筋疲力盡，只好看著牠乾瞪眼。

無奈之餘，他不禁有些奇怪：上帝為什麼叫我牽一隻蝸牛去散步呢？

又有一天，當年輕人再次感覺到焦慮的時候，上帝還派他牽那隻蝸牛去散步。看著蝸牛那蜷縮的身體、驚恐的眼睛，他不禁起了憐憫之心，不忍再催牠、逼牠，乾脆跟在牠後面，任蝸牛慢慢地向前爬。

咦？這時候，年輕人突然聞到了花香，原來這裡是花園。接著，他聽見了鳥叫蟲鳴，感到了溫暖的微風，還看見了滿天的星斗。陶醉之餘，無意中向前一看，呀！蝸牛已爬出了好遠。等年輕人跑步趕上牠時，牠用一種勝利者的姿態在迎接他。

直到這時候，年輕人才忽然明白了：「原來上帝不是叫我牽蝸牛去散步，而是叫蝸牛牽我去散步呀！」

細細品味，「我牽蝸牛去散步」和「蝸牛牽我去散步」有什麼不同呢？其實最大的不同就是要我們對「蝸牛」多一點「寬容」，多留給牠們一點「自己爬行」的時間和空間，這樣，才能給我們放慢腳步，領略人生風景的時間與心情。

生活不容易，許多人忙忙碌碌，不得安寧。因此，我們不妨停下急行的腳步思考一下人生，反思一下自己的作為，也許壓力和焦慮就會減輕許多。

其實，生活的智慧就是，要在忙碌之後懂得放緩腳步。許多人就是在忙碌後頓悟：「整日裡苦苦尋覓的，不就近在眼前嗎？費心勞神地去尋找風景，殊不知你就在風景之中。忙忙碌碌地在找尋幸福，豈不知幸福就是一種感受。」

人生猶如一次漫長的旅行，走得累了，不妨放慢一下你的腳步，換一種心情，休息一下，放鬆一下。要知道，追求的意義就在於追求的本身，成功的快樂就隱藏在成功的過程中啊！

【情緒調節】

「焦慮的時代，人類已經沒有了未來，未來就是現在。」現在，我們應該做什麼？應該靜下心來，獨立思考，不要被外界的雜音所干擾，不要因別人打亂自己的節奏而方寸大亂，而是用最適合自己的方式穩健地走下去，不急不躁，慢慢前行。

7・認識自己，丟掉不切實際的幻想

許多人的焦慮，來自美好的理想與殘酷的現實之間的衝突。想法太過理想化，而現實卻並非如此，於是他們便陷入了焦灼的狀態裡。

誠然，一個人知道自己的努力方向很重要，知道自己與目標的距離遠近也很重要。他必須從現實著手，替自己制定一個實際可行的計畫，根據計畫從現實出發以達到最終目的。

大事業的成功，首先是要徹底解決好眼前的問題。有理想是好的，但是不切實際，脫離現實，理想必然成為空中樓閣。須知現實是理想的基礎，忘記這一點注定會失敗，也會讓身心不得安寧。

《莊子》中曾講述過這樣一個故事，有一個叫朱泙漫的人，想學一項特殊的本領，於是變賣了全部的家產，帶了錢糧到遠方去拜支離益做老師，跟他學習殺龍技術。

轉眼三年，他學成回來，人們問他究竟學了什麼，他一面興奮地回答，一面就把殺龍的技術——怎樣按住龍頭踩住龍的尾巴，怎樣從龍脊上開刀等——指手畫腳地表演給大家看。大家都笑了，就問：「什麼地方可以殺龍呢？」朱泙漫這才恍然大悟，原來世上根本沒有龍，他的本領是白學了。

理想不是幻想，更不是空想，我們只有從現實出發，尊重實際，才有可能實現自己的抱負。換言之，我們要站在地上，

下篇　情緒管理—做情緒的主人

登上梯子去摘我們想要的東西，否則，就會面臨被摔在地上的命運，一生都得不到心靈的寧靜。

人生在世，時光寶貴。可是，許多人並不能體驗到這一點，而是經歷了太多波折後才幡然醒悟，這不能不說是一種遺憾。因此，年少之時，丟掉不切實際的幻想，多一些腳踏實地的努力才更為重要。

下面這段話是安葬在西敏寺教堂的一位英國主教的墓誌銘：

我年少時，意氣風發，躊躇滿志，當時曾夢想要改變世界。

當我年事稍長，閱歷增多時，我發現自己無力改變世界，於是我縮小了範圍，決定先改變我的國家。但是這個目標還是太大了。

接著我步入了中年，無奈之餘，我將試圖改變的對象鎖定在最親密的家人身上，然而天不從人願，他們還是個個維持原樣。

年事已高時，我終於頓悟，我應該先改變自己，用以身作則的方式影響家人，若我能先當家人的榜樣，也許下一步就能改善我的國家，這樣我甚至可以改造整個世界，誰知道呢？

這段話告訴我們一個道理，人生不能沒有理想，沒有理想的人生將一事無成，永遠被別人踩在腳下。同時理想也要符合實際，不能漫想空想。正如英國學者托馬斯・富勒所說，「偉大的抱負造就偉大的人物」。

內心安定的人，沒有焦慮，他們處事泰然，平靜如水。這是因為，他們生活在真切的世界裡，根據自己內心的想法，以

第九章　清除焦慮情緒—自我減壓，生活可以更輕鬆

及身邊的情勢，決定自己的言行，追逐自己的人生理想。腳踏實地努力地活著，自然就省去了那些不必要的煩惱。

【情緒調節】

平時多聽音樂，讓優美的樂曲來化解精神的疲憊。輕快、舒暢的音樂不僅能給人美的薰陶和享受，而且還能使人的精神得到有效放鬆。開懷大笑是消除精神壓力的最佳方法，請你忘掉憂慮，笑口常開。你還應該有意識地放慢生活節奏，沉著、冷靜地處理各種紛繁複雜的事情。即使做錯了事，也不要一味責備自己，需要吸取教訓，再接再厲。這有利於保持心理平衡，舒緩精神壓力，勇敢面對現實。

下篇　情緒管理─做情緒的主人

8・專注於自己所愛，放棄無謂的牽絆

　　在印度的熱帶森林中，人們用一種奇特的狩獵方式捕捉猴子：在一個固定的小盒子裡裝上猴子愛吃的堅果，盒子上開一個小口，剛好能讓猴子的前爪伸進去。猴子一旦抓住盒子裡的果子，爪子就再也抽不出來。因為這種猴子有一個習性──不肯放棄已經到手的東西。猴子不肯放棄抓到的果子，於是被人捉住，失去了自由。

　　人們總會嘲笑猴子的愚蠢，為什麼不鬆開爪子放下堅果逃命？但審視一下我們自己，也許就會發現，並不是只有猴子才會犯這樣的錯誤。

　　3個商人帶著開採了10年的金子，越洋歸國，不幸遇到了暴風雨。一個商人為了保住金子而被大浪吞沒；一個商人為了留下部分金子，最終與船同歸於盡；最後一個商人則放棄了船上的金子，乘救生艇逃離了危險，後來他又帶領船隊，打撈出3條裝金子的貨船，擁有了3個人的財富。

　　生活中，許多人和故事中的前兩個商人一樣，放不下到手的職務、待遇，整天東奔西跑，荒廢了自己正當的事業。因為放不下誘人的錢財，有人費盡心思，結果常常作繭自縛；因為放不下對權力的占有欲，有些人熱衷於溜鬚拍馬、貪汙受賄，不惜丟掉人格尊嚴，一旦事情敗露，後悔莫及……

第九章　清除焦慮情緒─自我減壓，生活可以更輕鬆

生命如舟，不可能負載太多身外之物，否則生命的小舟就會在抵達彼岸的航途中擱淺，甚至沉沒。所以，要放棄不屬於自己的東西，該放下時就放下，不為虛名所累。

當年，愛因斯坦曾收到一封邀請他出任以色列總統的信函，但愛因斯坦卻拒絕這一邀請，放棄了這個職位。他說：「我的整個一生都在和客觀世界打交道，因而缺乏與人打交道的才智，又缺乏經驗處理行政事務和公正地對待他人，所以我不適合這個職位。」

愛因斯坦放棄了這個令許多人羨慕的職位，專注於客觀世界，最大限度地實現了人生價值，成為科學巨匠。

愛因斯坦的故事，告訴我們一個真理：該放棄時就放棄，這樣你才能專注於自己真正熱愛的東西。能夠放棄不屬於自己的東西，是一種能力，有了這種能力，生活才能無牽無絆，坦坦蕩蕩。

總之，生活中會遇到許多不如意之事，要想事事順心，就要拿得起放得下，不愉快的事就讓它過去，絕不放在心上。一個人如果學會了放棄之道，不愉快的心情自然會消失，取而代之的將是朝氣蓬勃的新生，成功的光環必將發出耀眼的光輝。

下篇　情緒管理─做情緒的主人

【情緒調節】

要想取得成功，要想有所建樹，就必須學會放棄。放棄，就是指為了長遠的、遠大的目標或利益而放棄眼前的一點小利益。學會放棄，就是要學會這種拿得起放得下的精神。放棄並不等於喪失，而是為了更好地擁有。

有多少名人志士，為了最遠大、最崇高的理想而放棄眼前的利益，最終建功立業，名垂青史。陶淵明為了不與世俗同流合汙，放棄了榮華富貴，追求清靜高潔，而成為流芳百世的「隱士」。類似的事例舉不勝舉，真理已擺在面前，學會放棄，選擇最適合自己的道路，才可能取得成功。

學會放棄，為了腳下正走著的路，為了讓我們擁有光明的未來，我們必須學會放棄，放棄那些把你引向失敗的種種誘惑。

第九章　清除焦慮情緒─自我減壓，生活可以更輕鬆

9・知足常樂，不被物欲所累

人的欲望是無限的，不懂得節制自己的物欲，就會被外界的誘惑驅使，使心靈失去理性和純淨。

童年時，我們都讀過《格林童話》中〈漁夫和他的妻子〉的故事，這裡面講述的其實就是一個有關物欲的話題。

漁夫的妻子最初的物欲便是，「住在我們這樣一間骯髒的小房子裡，實在是受罪……我要一座漂亮的小別墅」。

而當她得到了一幢小別墅之後，很快便想要住在一座石頭建造的大宮殿裡。當住進了寬敞華麗的大宮殿後，又想「我非當女王不可」。當上了女王後，她又想當教皇。做了教皇她馬上就得意忘形地產生了一個念頭：「哈哈！我難道不該對太陽和月亮發號施令嗎？我要成為太陽和月亮的主人。」最後貪心不足，她又重新住回了那個破漁舍。

或許這無休無止的欲望，就是人類所有罪惡及悲劇的最終來源。正如欲壑難填這個成語，然而世間又有誰能夠真正放棄欲望，懂得適可而止呢？

從漁夫的妻子的故事來反省世人的物欲，人們每一個新的欲望都是在上一個已被滿足的欲望的基礎上再蔓延一小步，這就是欲望難以控制的原因所在。我們就是一點一點地滿足著欲求，在欲望之途中不知反顧，直到猛然回首時才發現，與最初

下篇　情緒管理—做情緒的主人

的追求早已大相逕庭了，發生了本質上的改變。這時欲望已經牽著人往邪路上滑了。

人們難以放棄對欲望的企求，最終得到的往往是痛苦。為什麼？原因正如中國古話所說的「人心不足蛇吞象」。

由此可見，放棄欲望並非等於放棄追求，這是截然不同的兩個概念。欲望的放棄是在內心中做到適可而止，古人提倡的所謂「修心養性」就是這個道理。或者說得更直接些，就是我們常說的「知足者常樂」。懂得知足就是對欲望的適時放棄，這樣你也就得到了真正的快樂。

「天下熙熙皆為利來，天下攘攘皆為利往。」現實的社會實在太需要這樣的反省了，看看那些貪心不足永無止境地大肆攫取錢財的貪官汙吏，他們就因為欲望的膨脹而變成了被物欲主宰的奴隸，貪贓的錢多到幾輩子用不完也還是止不住地貪。到頭來就因此而葬送了身家性命。

【情緒調節】

所謂「七情六欲」，欲望不單單是對金錢、地位的渴望，更包括對感情、對名聲的企盼。也許只有等到我們真正放棄了那種不可遏止的欲望，以尋常之心淡泊名利，懂得了「不以物喜，不以己悲」的時候，我們才不會做物欲的奴隸，生活才會步入一個新的境界，從而讓我們享受到精神上、生活上真正的快樂。

第十章　提防憂鬱情緒 ——
和憂鬱症擦肩而過

　　敏感的心靈，豐沛的情緒，以及對完美的追尋，讓我們的人生更加精采。但是，遭遇不如意的時候，這顆律動的心又很容易陷入憂鬱的狀態裡。換句話說，只要你是一個有情緒的正常人，那麼憂鬱症隨時都可能會擊倒你。

　　毫不誇張地說，只有自私的人才不會得憂鬱症。因此，遭遇人生中的不完美，別太過於執著，你會發現自己的路會越走越寬。

下篇　情緒管理─做情緒的主人

1・開啟心鎖

　　天有不測風雲，人有旦夕禍福。每個人的一生，都不可能事事如意、一帆風順，總會遇到意想不到的坎坷與挫折，甚至還有牢獄之災。一個人如果遇到不順心的事，眼裡只有陰霾，看不見光明與美景，那無形之中就等於給自己的心靈加上了一把鎖，把自己囚禁，把自己放入憂鬱的苦水之中，把自己阻擋在成功的大門之外。

　　某位魔術大師有一手絕活。他能在極短的時間內開啟無論多麼複雜的鎖，而且從未失手。

　　這一天，大師向世界發出這樣一個非常具有挑戰性的目標：要在 60 分鐘內，開啟任何一把鎖，前提是他要穿上自己那件特製的道具服，而且不能有人在旁邊觀看。

　　英國一個小鎮的幾個居民，決定向這位魔術大師發起挑戰，並有意給他難堪。他們精心打造了一個堅固的鐵牢，配上一把看上去非常複雜的鎖，請大師來看看能否從中逃脫。大師接受了這個挑戰，他穿上自己那件特殊的道具服，走進鐵牢中。

　　牢門「哐啷」一聲關了起來。待眾人離去之後，魔術大師從道具服中取出自己特製的工具，開始工作。

　　30 分鐘過去了，大師用耳朵緊貼著鎖，專注地工作著，一個小時過去了，大師頭上開始冒汗……已經超出規定時間一個小時了，大師始終聽不到期待中的鎖具彈開的聲音。最後，他

第十章 提防憂鬱情緒－和憂鬱症擦肩而過

筋疲力盡地將身體靠在門上坐下來，結果牢門卻順勢而開。

原來，牢門根本沒有上鎖，那把看似很複雜的鎖只是個樣子而已。

傑出的逃脫藝術家，卻逃不出一座沒有上鎖的牢籠，那是因為大師心中的門已經上了鎖。他能夠開啟世上任何一把鎖，卻無法開啟自己心中的鎖。

其實，我們終日忙忙碌碌，又何嘗不是被一把把沉重的心鎖束縛住了呢？不妨停下腳步，聽聽心靈的呼喚，給自己找一個出口，一個解脫的機會，保持心靈「庭院」的一片明亮。

(1) 審視自己沉重的心鎖

許多時候，我們被各種枷鎖鎖住了心智。心智不開，再聰明的人也是一個糊塗蟲。因此我們才會看到，當人自信無比，自認為強大到無所不能時，他的「命門」也同時會無限放大，經不起現實輕輕地一擊。

(2) 別鎖住自己的快樂

如果我們總是在抱怨自己生活的艱難，人生的不如意，總是在抱怨天意難測，命運不公……那這無情無形的鎖就已經悄然掛上了我們的心門。如果我們總是在羨慕別人的幸福快樂，嫉妒別人的才幹、富有、瀟灑和漂亮……那這冰涼的鎖就已沉重地鎖上了我們的心門，鎖住了我們的快樂。我們越是自怨自艾，越是妒火中燒，它就鎖得越緊越無情。

(3) 別鎖住我們暖暖的親情、友情、愛情

是不是隨著年齡的增長，我們也逐漸忽視了父母長輩的存在和意見，少了許多用愛聆聽，用心誠談的溝通交流？是不是隨著現代資訊工具的發達，而習慣用 LINE、電子郵件複製轉貼一些制式化的矯情的祝福給親愛的朋友，而少了很多貼心的問候和真切的關懷？是不是夫妻之間談錢的時候要多過談情？如果是這樣，這把冰鎖就已成雛形，鎖住了通向溫情、溫暖、溫馨的親情、友情、愛情世界的心門！

許多人活得不開心，整天鬱鬱寡歡。這時候，最應該做的是開啟自己緊鎖的心門。此外，對我們而言，換一種思維方式，也許便能更輕鬆地找到通路，所以不用害怕眼前沒有出路。

【情緒調節】

我們說，一個人可以沒有金錢，沒有地位，但卻不能沒有一顆寬容的心。一個人擁有一顆寬容的心，他的心裡就不會有柵欄，就不會讓仇恨把自己的心靈鎖死。「心有多大，世界就有多大。」這話的確是一句金玉良言。因為一個人只要肯開啟心鎖，整個世界就會撲進你的懷抱。

第十章 提防憂鬱情緒—和憂鬱症擦肩而過

2．欣賞自己，戰勝自卑

自卑是一種消極的自我評價或自我意識。一個自卑的人往往會過低地評價自己的形象、能力和特質，總是拿自己的弱點和別人的優勢比，覺得自己事事不如人，在人前自慚形穢，從而喪失自信，悲觀失望，不思進取，甚至墮落沉淪。

自卑的人總感覺處處不如別人，自己看不起自己，「我不行」、「我沒希望」、「我會失敗」等話總是掛在嘴邊。自卑的人又往往自尊心極強，自卑與自尊經常會發生衝突，這種衝突造成了極其浮躁的心理。

誰都曾有過自卑的念頭，但千萬不要讓這種危險的念頭主宰了你，你要相信，你一定能夠戰勝自卑。

1951 年，英國人羅莎琳‧富蘭克林從自己拍的極為清晰的 DNA（去氧核糖核酸）的 X 光繞射照片上，發現了 DNA 的螺旋結構，就此還舉行了一次報告會。然而，富蘭克林生性自卑多疑，總是懷疑自己論點的可靠性，後來竟然放棄了自己先前的假說。

可是，就在兩年之後，沃森和克里克也從照片上發現了 DNA 分子結構，提出了 DNA 的雙螺旋結構的假說。這一假說的提出象徵著生物時代的開端，他們因此而獲得 1962 年度的諾貝爾醫學獎。

假如富蘭克林是個積極自信的人，堅信自己的假說，並繼

續進行深入研究，那麼這一偉大的發現也許會永遠記載在他的英名之下。

球王比利初到巴西最有名氣的桑托斯足球隊時，他竟然也害怕那些大球星瞧不起自己。他本是球場上的佼佼者，竟因緊張而一夜未眠，無端地懷疑自己，恐懼他人。後來他設法在球場上忘掉自我，專注踢球，保持一種泰然自若的心態，從此便在自信和陽光的「召喚」下，以銳不可當之勢進了一千多粒球。

富蘭克林和比利的故事告訴我們：沉浸在自卑裡無法自拔，情緒低落，只會毀了自己。相反，給自己自信，沒有什麼事情是辦不到的。

許多人耗盡一生的心力去奮鬥，打敗了這個人，打敗了那個人，在關鍵時刻卻常常過不了自己這一關。所以，有人說，我們最大的敵人其實是自己。一個人在關鍵時刻不自信，懷疑自己，貶低自己，就容易與寶貴的機會失之交臂。因此，緊要關頭，一定要努力挖掘自己身上的優點，信心百倍地迎接挑戰，在搏鬥中征服困難，續寫人生的輝煌。為此，我們要從下面幾個方面努力。

(1) 正確認識你自己

只有認識了自己，才能愉快地接納自己。人對自己的認識不只是一種抽象的想像，它常伴有情感，伴有自我評價，比如對自己是好感還是惡感，是滿意還是不滿。要肯定自己必須欣然地接受自己的一切，不能排斥自己、欺騙自己、拒絕自己，

更不能怨恨自己。孔子曰：「君子坦蕩蕩，小人長戚戚。」是君子，就能自我悅納，心情開朗，而另一些人則經常自苦、自危、自慚、自卑乃至自毀。

(2) 把眼光集中在自己的優點上

時常問一問自己，我的長處是什麼？我的優點有哪些？要好好思考一下這些，從而對自己有個深刻的認知。如果你把注意力集中在自己的優點上，多做自己最擅長的事情，發揮所長，工作自然會有出色的表現，這些都能增強、支撐起你的自信心。

(3) 學會自我欣賞與自我激勵

自我欣賞的人更能充滿自信，懂得自我激勵的人則能突破困境。把你曾經做得很好的工作或取得的成就列於紙上，來一個自我欣賞。這時，你將發覺自己突然信心十足，辦事能力也勝人一籌。

【情緒調節】

「天生我材必有用」，從自卑的陷阱裡走出來吧！瀟灑地走進人群。如果你能夠以積極的情緒消解內心深處的不必要的自卑，你就能真正成為自己的主人。相信自己，對未來心懷美好的憧憬，你一定可以成為自己人生舞臺上的主角。

3．想哭的時候，不妨笑一笑

每當感到失落、壓抑、困惑、不自信的時候，不妨給自己一個微笑。你的微笑，首先是給自己的，當你綻開笑臉時，實際上已經在給自己一個暗示：我很快樂。微笑將驅走你的焦慮和煩悶，帶來輕鬆、愉快和自信，讓自己一下子就有了面對這世界的信心，有了克服困難的決心。

有個年輕人失戀了，在公園哈哈大笑。

一位老人走來，輕聲地問：「什麼事情值得笑得如此開心？」

失戀的人回答：「我剛剛和我青梅竹馬的女友，分手了……哈哈。」

老人很奇怪地說：「你跟愛人分手了，怎麼還笑得出來呢？」

年輕人反問道：「難道我應該哭嗎？人應該向前看。而且我終於告別了這個不愛我的人，是一件多麼值得高興的事情啊！」

老人聽了，想了想，讚賞地對年輕人說：「年輕人，你的心態值得很多人學習，你會找到一個更好的對象！」

生活中有哭有笑，構成了多彩的畫卷。該哭的時候要哭，該笑的時候要笑。但是，許多時候，笑比哭好。

笑其實是一種行之有效的、積極的心理暗示。它能對人的情緒和生理狀態能產生良好的影響：調動人的內在潛能，讓人發揮最大的能力。而消極的心理暗示則對人的情緒、智力和生理狀態都產生不良的影響。

第十章　提防憂鬱情緒－和憂鬱症擦肩而過

人是十分情緒化的動物，難免會受到不良情緒的影響。善於控制自己的情緒，不要讓消極的暗示力量占主導地位，這關係到你內心是幸福還是不幸的。遭遇困難和打擊時，我們應該對自己說：我很堅強。給自己一個微笑，這樣的心理暗示力量必將給你戰勝苦難的勇氣和信心。

想哭的時候，努力讓自己笑一笑，這實際上是選擇快樂，與憂鬱情緒說拜拜。說起來容易，做起來難，那麼我們應該如何去努力呢？

(1) 要積極地想，不去消極地沉迷

想哭，是因為受了委屈，或者遭受了打擊。這其實是生活的一部分，再正常不過了。因此，即使面對苦難、被誤解了，也要積極應對，拍拍胸脯讓自己昂起頭，千萬別一股腦兒地朝消極的方面想。等積極的想法湧上心頭，愁苦也就下了眉頭了。

(2) 心裡再苦也要微笑

心裡痛苦的人，不會有笑容；但是，想哭的時候，勉強讓自己的嘴角揚起來，你會被自己的笑容打動，而破涕為笑。原來，沒有什麼不可能，哪怕你正經受著巨大的傷痛，只要努力笑一下，心情真的可以變化，走向積極的一面。

下篇　情緒管理─做情緒的主人

> **【情緒調節】**
>
> 　　笑與哭，從來都是心情的玩伴，它們本身沒有對錯。你要有敢笑敢哭的勇氣，也要有破涕為笑的狡點，讓生活多一絲亮色，別讓憂鬱的烏雲遮蔽了陽光。想哭的時候笑一下，這是生活的藝術，也是對自己的關愛。

第十章　提防憂鬱情緒—和憂鬱症擦肩而過

4‧走出患得患失的陰影

　　什麼是患得患失？患得患失就是一味地擔心得失，斤斤計較。患得患失是人生的精神枷鎖，是依附在人身上的陰影，是浮躁的一個主要表現形式。

　　生活中往往有這樣一些人，做什麼事情之前都要反覆考慮，做完之後又放心不下，如有不妥，就很擔心把事情搞砸並擔心別人對自己的看法，並且極其注重個人的得失。他們被籠罩在患得患失的陰影之中，心房被得失攪擾得沒有一分安寧。他們心中布滿疑慮、惴惴不安，生活中當然不會有輕鬆與愉快。

　　夏朝的后羿，是天下聞名的神箭手──這個后羿不是神話中射掉九個太陽的人，而是一個諸侯國的國君。他有一身百步穿楊的好本領，無論立射、跪射、騎射，百發百中，從不失手。

　　夏王聽說他的名聲後，想一睹神技，就把他召來，命人在御花園立起一個獸皮箭靶，靶心約一寸見方，然後說：「請先生展示一下精湛的本領。為了使這次表演不至於因為沒有彩頭而沉悶乏味，我來給你定個賞罰規則，如果射中，我就賞賜給你黃金萬兩；如果射不中，就要削減你一千戶封地。現在請先生開始吧！」

　　后羿聽後，面色頓時變得凝重起來。他慢慢取出一支箭，搭上弓弦，擺好姿勢，謹慎地瞄準起來。如果是平時，他信手一箭，也能射中靶心，可是，想到這一箭射出，要麼得到黃

下篇　情緒管理─做情緒的主人

金萬兩，要麼失去千戶封地，關係何等重大，心情頓時緊張起來，拉弓的手也微微發抖。他瞄了很久，幾次想把箭射出去，又收回來，繼續瞄準。後來終於下定決心，鬆開了弦，箭應聲而出，卻射在離靶心足有幾寸遠的地方。如是者數箭，竟沒有一箭射中靶心。

后羿無奈，滿面羞愧地收拾起弓箭，勉強賠笑向夏王告辭，悻悻地離開了王宮。對這一結果，夏王既感失望，又心存疑惑，就問手下：「聽說此人箭技通神，發必中的，今天看來，也平常得很，難道是浪得虛名？」

后羿不是常人，他在得失面前也難免發揮失常，何況一般人呢？要想避免患得患失的危害，就要努力培養一顆平常心，使自己達到「八風吹不動」的境界，或者達到兵家「泰山崩於前而色不變」的境界，這樣就能把自己的能力發揮到極致。

韓國圍棋天才李昌鎬就是一個這樣的人，無論多麼重要的對局，他都能保持一顆平常心，好像沒有什麼事能擾亂他的心神一樣，因而被譽為「石佛」。有此定力，難怪他成為世界圍棋第一人。

患得患失是人生最常見的心理隱患，我們要鑄就輝煌的人生，就必須要砸碎精神枷鎖，丟掉思想包袱，走出患得患失的陰影。

要走出患得患失的陰影，不被憂鬱的情緒打擾，最重要的是保持良好的心態。為此，需要做好下面幾點：

第十章 提防憂鬱情緒－和憂鬱症擦肩而過

(1) 知足常樂

每一個人都要學會比較，透過比較得到良好的心境。正確的樂觀的比較應該是自己和自己比，把自己的今天和自己的過去比。只要努力過，且透過努力進步了，收穫了，即使別人已達到小康，你才是溫飽，別人已有了金條，你還囊中羞澀，也絲毫不需自慚形穢。因為每個人的基礎不一樣，條件不一樣，經歷也不一樣。同樣一雙手，十根指頭哪能一樣長呢？

(2) 活出自己

人的一生，不求利，不求名，只求一個真實的自己，走自己的路，就不會被患得患失所困擾。事實上人生不可能沒有憂愁，問題是我們不能因患得患失給自己平添幾分愁。走自己的路吧！不管別人如何評說，我們的人生都會充實、快樂、瀟灑。

(3) 淡泊名利

古人雲：「淡泊以明志。」養生首養心，養心淡名利。人生苦短，名利有如過眼雲煙。人不可缺乏進取心和奮鬥精神，但一味地追名逐利反而會得不償失。人，最值錢的東西是生命而不是名利。

下篇　情緒管理─做情緒的主人

【情緒調節】

　　當你感到緊張時,進行深呼吸,直至心情平靜下來。人在緊張時,大腦缺氧,指揮失靈,很容易失誤,進行深呼吸,可給大腦充氧,有利於保持冷靜。同時還可以用手掐自己的皮肉,疼痛感能分散注意力,可以幫你暫時擺脫擔心或渴望的事,有利於恢復平靜。當你擔心做不好或說不好時,就在心裡暗暗給自己打氣,告訴自己「怕什麼,車到山前必有路」、「我一定可以」等等。當你這樣說時,勇氣會漸漸充滿全身。

第十章　提防憂鬱情緒─和憂鬱症擦肩而過

5．打破煩惱的習慣，做個快樂的人

　　很多人都遇到過煩惱，你可能曾經與煩惱擦肩而過，也可能與煩惱親密接觸過，因為煩惱會帶來各種負面情緒，所以煩惱是不為我們所喜歡、所接受的。

　　煩惱的人沒有快樂可言，所以想讓快樂相伴，就要學會把煩惱拋在腦後，使自己擁有一個無憂無慮的人生。

　　有一次，卡內基在幫刷洗盤子的妻子擦乾碗盤，那時，他得到一個啟示：「我太太是一邊洗碗一邊唱歌，我看在眼裡，不由默默地告訴自己，『老兄！請看吧！她多麼快樂。你們結婚已經18年了，她也洗了18年的碗。若將那些油汙的盤碗堆積起來，連大倉庫都容納不下。如果結婚時就這樣想像，保證會嚇退所有的新娘。』」

　　因此，卡內基再度告訴自己：「妻子之所以對洗碗盤不致感到厭煩，是因為她一次只洗一天的碗。從而，使我了解煩惱之所以來了是因為我經常持著『今天的碗、昨天的碗以及沒用過的碗，通通都要洗』的心態。」

　　而且，卡內基還意識到了自己的愚蠢──每個禮拜天早上都要站在講臺上，口沫橫飛地告訴教友們應該如何生活等，自己卻過著緊張、煩惱和忙碌的生活。

　　想到這裡，他不再煩惱了。沒有多久，他的胃痛也消失了，他和失眠也絕緣了。

下篇　情緒管理—做情緒的主人

　　總結自己的成功經驗，卡內基說：「我會把昨天的不安一股腦兒拋到紙屑簍裡，同時，我也絕不考慮在『今天』洗『明天』的髒碗盤。」「煩惱是一種習慣 —— 而我，老早已打破這種習慣。」這其實是許多人的心聲。

　　生活中，不讓煩惱侵襲自己，做一個快樂的人，你的生命才會更有意義。與煩惱再見，需要智慧。當然，最重要的是做好下面兩點：

(1) 在任何情況下都不為任何事煩惱

　　約翰‧D‧洛克斐勒在 33 歲的時候，賺到了人生第一個 100 萬美元。43 歲時，他建立了美國標準石油公司 —— 世界上最大的壟斷企業。不過，53 歲時他卻因為煩惱、貪婪、恐懼和高度緊張的生活，身體健康受到嚴重損壞。

　　當時，失眠、消化不良、掉頭髮，精神趨於崩潰的肉體表徵使洛克斐勒整個人「看起來像個木乃伊」。醫生警告說，他必須在死亡和退休之間做出抉擇。他選擇了退休。於是，便有了他「死於」53 歲，但一直活到 98 歲的傳奇人生。

　　避免煩惱，在任何情況下絕不為任何事煩惱。洛克斐勒遵守了這項規則，保住了自己的性命。他從事業上退休，學習高爾夫球，整理庭院，和鄰居聊天、打牌、唱歌。

　　同時，他也在做一些更有意義的事情。他開始考慮把數百萬的金錢捐獻出去，幫助更多需要幫助的人。在獲知密西根湖湖岸的一家學校因為抵押權而被迫關閉時，他立刻展開行動，

第十章　提防憂鬱情緒—和憂鬱症擦肩而過

捐出數百萬美元去援助它，將它建設成為舉世聞名的芝加哥大學。

生活中充滿了不盡如人意的事情，只有能夠不為此煩惱的人，才能保持理性的頭腦，擁有無煩憂的時光。而你看淡一切，不為人和事所累，則是這一切的基礎。

(2) 把工作和生活區分開來

許多成功人士都養成了一種習慣——將工作和生活截然二分。當從工作轉移到生活中去的時候，他們可以把此前的所思所考一律拋開。每天工作結束時，立刻將所有工作上的問題從心裡悉數掃光。誰擁有了這套本事，誰就沒有了不必要的煩憂。

工作就是工作，生活就是生活，把兩者分開才能擁有幸福的人生。雖然成功需要有工作狂的精神，但是每種工作通常都會留下未解決的問題，如果每晚都將這些問題帶回家去傷腦筋，勢將有損我們的健康，從而讓我們失去處理它們的能力。沒有自己的生活，是一種短視行為。

每個人的生活道路都不可能是平坦的，每個人的生活都可能會不盡如人意。如果我們客觀上不能阻止那些令人不快的事情發生，就應該盡力忘記它，盡量避免與生活中的那些煩惱糾纏不休。這是保持愉快心情、調整心態、笑對人生的一個很重要的方法。

下篇　情緒管理—做情緒的主人

【情緒調節】

重新拾起那往日的不快,無疑是讓我們重新經歷一次不堪回首的傷痛。我們要學會忘記那些必定會左右我們的情緒,讓我們精神不爽、刻骨銘心的煩惱,將它們拋至九霄雲外,不讓它們干涉我們的生活,禁錮我們的思想,攪亂我們的情緒。忘記生活的單調,會使我們隨時都能快樂地面對人生。

第十章 提防憂鬱情緒─和憂鬱症擦肩而過

6・告訴自己「我可以」

很多時候，我們最大的敵人就是自己的心。千萬不要在敗給對手前就敗給自己，一旦開始行動，就要把所有的顧慮、擔憂都拋到腦後。不管遇到多大的困難，也要笑著告訴自己：「我可以。」不管面對多大的壓力，也要輕鬆地為自己打氣：「我可以。」

有一個小男孩，很小的時候母親便因病去世了，他一直生活在家境貧困的祖母那裡。男孩的成績很糟糕，每次考試都排在後面，許多同學都不願意跟他一起玩。因此，他非常自卑。

男孩也曾努力過，早起晚睡，將全部的時間都用來讀書，只為了能在同學們面前趾高氣揚一回，但他還是失敗了。中學畢業考試，他的成績是全校倒數第七，這意味著他將失去進一步深造的機會。

畢業典禮這天，男孩垂頭喪氣地走出了家門，但他沒有去學校，而是一個人來到了公園裡。公園裡一群小朋友正在草地上打高爾夫球，他從沒見過這種東西，出於好奇，他請求和孩子們一起玩。結果，連續10桿，男孩驚人地把這些球全都打進了洞裡。男孩太激動了，早忘了要去參加畢業典禮的事。他飛快地跑回家，把這件事情告訴了祖母。

祖母鼓勵他，並帶他到佛羅里達州的一個職業中學報了名。從那時開始，男孩自己做了一根球桿，一個人在草地上練習。在祖母的期望和鼓勵下，男孩漸漸地克服了自卑，他付出

下篇　情緒管理─做情緒的主人

了比別人多十倍的努力，終於成為一名高爾夫球星。

在接受採訪時，他說道：「沒有任何一種成功是可以必然實現的，但是只要你相信自己，勇於放棄你不能的，勇於去堅持你所選擇的，成功就會逐漸靠近你。」

「只要頭腦可想像的，只要自己相信的，就一定能實現。」這句話出自美國成功學的創始人拿破崙‧希爾博士。他提醒我們，任何時候都要相信自己會有用武之地，有朝一日能夠大展宏圖。

許多時候，你若告訴自己可以辦到某件事，不論它有多艱難，你都能辦到。相反地，你若認為連最簡單的事也無能為力，哪怕是鼴鼠丘，對你而言，也變成不可攀的高山。這就是心理暗示的力量。

生活中已經有太多的紛擾，遇到困難的時候，給自己一些鼓勵吧！或許你真的沒有做成這件事，但是只要努力過了，就不會後悔，而這個過程對你來說已經是一筆寶貴的財富。

【情緒調節】

如果你面對問題時受到「不可能」觀念的困擾，你可以對所謂不可能的因素展開一次實事求是、客觀的研究，結果你會發現所謂的不可能，通常不過是源於對問題的情緒反應而已。而且你還會發現只要以冷靜的、非情緒的態度去面對，運用智慧來審視所涉及的諸事，你通常能克服這些所謂的「不可能」。

第十章　提防憂鬱情緒—和憂鬱症擦肩而過

7・克服猜疑：心裡陽光一點好不好？

　　猜疑是人的一種正常心理，在無法把握事實真相的時候，人們通常都會持有這樣的心理。適度的疑心，其實可以讓我們謹慎、自省。但是，若疑心太重，處處神經過敏，事事捕風捉影，一句話、一個眼神、一個動作都可能引起誤會。輕則讓人心存芥蒂，與朋友失之交臂，或錯過機會，丟掉商機，喪失前途；重則讓集團與集團，國家與國家因誤會引起矛盾、衝突，甚至戰爭。

　　《三國演義》第四回有這麼一段內容：曹操謀殺董卓未成，倉皇逃竄，投靠父親的結義兄弟呂伯奢。呂伯奢見是義兄的兒子到來，想好好招待一下，就讓曹操稍坐，自己到鄰村買酒去。這時曹操聽到隔壁又要捆又要殺的嘈雜聲音，以為要綁他殺他，遂拔劍直入，不問男女，皆殺之，一連殺死八口。誰知原來人家是綁了一頭豬，準備設宴招待他。曹操怕留下禍根，將錯就錯把一家斬盡殺絕。曹操錯殺好人，就是源於疑心太重。

　　《紅樓夢》中的林黛玉，雖然飽讀詩書，文學辭賦無所不能，但她生性敏感多疑，時時用懷疑的眼光注視周圍人對自己的態度。別人的一言一行，都能引起她長久的猜疑。正是這種愁緒，影響了她的身心健康，使她過早地離開人世。

　　這是小說中因為疑心重而引起嚴重後果的兩個典型故事。

在現實中，疑心也是我們與人交流、認識社會的一大障礙。

　　生活中我們常會碰到一些猜疑心很重的人，他們整天疑心重重、無中生有，認為人人都不可信、不可交。人家一揚眉，就說別人看不起他；人家一撇嘴，就說人家討厭他；人家在說悄悄話，便懷疑在說他的壞話。總之，對別人的一舉一動都耿耿於懷，都覺得別人的一言一行都是對自己的侵犯。久而久之不僅自己疑神疑鬼，暗耗心血，損傷大腦神經，引起失眠等疾病，由懷疑別人發展到懷疑自己，繼而失去信心，變得自卑、怯懦、消極、被動，嚴重影響到人際關係。由於自我封閉，阻隔了外界資訊的輸入和人間真情的溝通，他們不願與人交心，只縮在自己的世界中，整天胡亂猜疑，暗生悶氣。有時，他們還會失去理智，因為猜疑而與朋友分道揚鑣，甚至反目成仇；因為猜疑把對方打傷，甚至失手打死。可見持懷疑的態度如同握把雙刃劍，稍不小心，就會傷人傷己。

　　英國哲學家培根說過：「猜疑之心猶如蝙蝠，它總是在黑暗中起飛。這種心情是迷惑人的，又是亂人心智的，它能使人陷入迷惘，混淆敵友，從而破壞人的事業。」

　　易猜疑的人通常過於敏感。敏感並不是壞事，但過於敏感的話，就很容易埋下害人害己的禍根。如果任憑猜疑蔓延發展，往往會形成攻擊性變態人格。如果你想要為自己的 EQ 加分的話，如何消除猜疑是你必修的一課。

第十章　提防憂鬱情緒—和憂鬱症擦肩而過

(1) 理性思考，不無端猜忌

當發現自己開始生疑時，應當立即尋找產生懷疑的原因，不要朝著有利於猜疑的方向思考，而是試著用正反兩方面的資訊來客觀分析問題。

(2) 自我暗示，建立自信心

當你猜疑別人看不起你，在背後說你壞話，對你撒謊時，你要在心裡反覆默念「他沒有看不起我」、「他沒有理由說我壞話」、「他不會騙我」等等。這種積極的心理暗示能夠幫助你建立自信。

(3) 自我安慰，增強調節能力

產生猜疑的一大原因，就是總擔心別人說三道四，特別在乎別人對自己的一些消極評價。一個人生活於世，遭到別人的非議或者與他人產生誤會在所難免。太在乎別人的評價，你就會失去自己。

【情緒調節】

當我們開始猜疑某個人時，最好先對其為人、經歷以及與自己多年共事交往的表現綜合評論，如此，才能將一些不必要的猜疑消滅於萌芽狀態。主動開誠布公，坦率誠懇地將內心的猜測和疑慮提出來，或者面對面同對方推心置腹地交談，以便弄清真相，解除誤會。

下篇　情緒管理—做情緒的主人

8．無力改變不幸，就坦然面對遺憾

人的一生，或多或少都難免有沉有浮，不會永遠如旭日東昇，也不會永遠痛苦潦倒。反復地一浮一沉，對於一個人來說，正是一種磨練。所以，如果我們能保持一種健康向上的心態，即使我們身處逆境、四面楚歌也一定會相信有「山重水複疑無路，柳暗花明又一村」的那一天。

面對艱難困苦，應保持一種什麼樣的心態，將直接決定你的人生軌跡。不幸發生了，別用失落面對後面的生活，才有重新獲得幸福的可能。

22歲的麥吉剛從耶魯大學畢業，他聰明英俊，踢足球及演戲劇都表現突出，正是意氣風發的好時光。

一個平凡的晚上，一輛大卡車從第五大道駛來……等麥吉醒來時，發現自己身在加護病房，左小腿已經被切去！他問自己：難道就這樣在輪椅上躺一輩子？你會甘心嗎？他使勁搖了搖頭。其後8年，麥吉全力以赴，要把自己鍛鍊成全世界最優秀的獨腿人。復健期間他飽受疼痛折磨，但從不抱怨，終於熬了過來……

失去左腿後不到一年，他開始跑步，不久便常去參加10公里賽跑。隨後又參加紐約馬拉松賽，成績打破了身障人士組紀錄。

不料，麥吉在南加州的三項全能比賽，騎著腳踏車疾馳

第十章 提防憂鬱情緒—和憂鬱症擦肩而過

時，忽然聽到群眾尖叫聲。他扭過頭，只見一輛小貨車朝他直衝過來。

麥吉對於這次挨撞記得很清楚。他記得群眾的尖叫，記得自己的身體飛越馬路，一頭撞在電燈柱上。他還記得自己被抬上救護車，隨後才昏了過去。麥吉四肢癱瘓了，那時他才30歲。麥吉的四肢都失去了功能，但仍儲存少量神經活動，使他能稍微動一動手臂。

麥吉知道四肢尚有感覺時，有點激動。因為這意味著他有了獨立生活的可能。經過艱苦鍛鍊，自認為「很幸運」的麥吉進步到能自己洗澡、穿衣、吃飯，醫生對此都大為驚奇。

接著，麥吉開始了一場殘酷的康復訓練。他對自己說：「你是過來人，知道該怎樣做。你要拚命鍛鍊，不怕苦，不氣餒，一定要離開這鬼地方。」

其後幾個月，麥吉再度變得鬥志昂揚，復健速度之快，出乎所有人預料。車禍之後僅僅6個月，他便重新開始獨立生活，大約6個月之後，他在一次三項全能運動員大會上，以「堅忍不拔和人類精神力量」為題，發表了一篇激動人心的演說。事後人人都圍著他，稱讚他的堅韌，「麥吉真行！」

「禍兮福之所倚，福兮禍之所伏」，天有不測風雲，人生中的恩怨、悲喜，以及功名利祿，往往都是互相轉化的。不要為過去的失去難過，也不要為明天的未知焦慮，更不要為眼下的不幸耿耿於懷，而是要順其自然，因為生活沒我們想得那麼糟糕。其實，人這一生中總會遇到這樣那樣不如意的事情。也許我們無力改變這個事實，但我們可以改變看待這些事情的態度。

下篇　情緒管理─做情緒的主人

　　第一個正確態度就是要能夠正確面對人生的遺憾，要在最短的時間內把這次災難造成的遺憾接受下來，不要糾纏在裡面，一遍一遍地問天問地，這樣只會加重我們的苦痛。

　　第二個正確態度就是要盡可能地用自己可以做的事情去彌補已經造成的一些遺憾。承認現實生活中的不足之處，並透過自己的努力去彌補這種不足，才是一種積極的對待生活缺憾的態度。

> **【情緒調節】**
>
> 　　當不幸降臨時，最好的辦法就是讓它盡快過去，這樣你才能騰出更多的時間去做更有價值的事情，你才會活得更有效率，更輕鬆。學會承擔現實，那是我們人生中必然要走過的路程，能夠微笑地去面對和承擔這一切，才是生命裡的最高境界。

第十一章　轉化悲傷情緒 ──
要有「化悲痛為力量」的智慧

　　人之所以會痛苦，是因為總喜歡沉浸在過去的錯誤之中。殊不知，一切都將會過去，新的一頁又會隨即翻開。只有把舊的扔掉，才能用全部的心神應對未來。可以改變的，去改變；不能改變的，去改善；不能改善的，去承擔；不能承擔的，就放下。這是每個人都該擁有些人生智慧。

下篇　情緒管理—做情緒的主人

1．忘記苦難和不快，才能收穫幸福

記得一位哲人說過：「只有學會忘記苦難和不愉快，才能成為最幸福的人。」這句話太有道理了，為了使自己的感覺不被擔憂、恐懼、憂鬱等消極情緒所左右，我們應該學會不讓生活中一些不愉快的事情改變你現有的美好心情，要學會忘記它們。

有個美國人叫鮑勃，是洛杉磯的一名電視製作人，六十多歲，有著超常的記憶力，能夠記住5歲以來幾乎每個生日的細節，過去40年來度過的每個新年前夜，1971年以來歷屆奧斯卡獎主要得主，甚至是某天某場橄欖球比賽的得分等等。

這樣超常的記憶力是每個人所羨慕的，但是，任何事情都是一柄雙刃劍，有其積極的一面，也有其消極的一面。鮑勃的超常記憶給他帶來了不少煩惱，因為他在記住過去的美好瞬間的同時，難以忘記那些令他痛苦和難過的傷心事。

從這個角度來看，鮑勃的生活又充滿了哀愁，甚至是莫名的悲哀。因為他的記憶中存滿了那些令人快快不樂的碎片，給他帶來了無盡的苦惱。

澳洲人朗達‧拜恩寫的《祕密》中提到過一個很重要的人生哲理，那就是「吸引力法則」。按照拜恩的觀點，思想是有磁性的，有著某種頻率。如果你想的是一件愉快的事情，在你生活中的那些愉快的經歷就會翩翩起舞地向你飛來。

然而，當你在與一件不愉快的經歷糾纏不休的時候，你生

第十一章　轉化悲傷情緒－要有「化悲痛為力量」的智慧

活中那些曾經發生過的不愉快的經歷和感受就會蜂擁而至，像潮水一樣向你撲來，你的記憶彷彿變成了一塊磁鐵，所有消極的感覺就會被吸引過來。

生活中，如果你為一件事情感到高興，吸引力法則就會將所有讓你感到高興的事吸引過來，使你感到心情無比輕鬆；反過來，如果你不斷抱怨，吸引力法則就會為你帶來所有讓你抱怨的狀況，讓你在相當長的一段時間內情緒低落。

拜恩的《祕密》還告訴我們，當你感覺到不愉快時，你是在長時間地思考那些不愉快的事。從這個意義上來說，我們的任務就是不能讓那些不愉快的感受長期占據著我們的思想，也不能讓生活中的一點點挫折就抹殺我們愉快的心情。

「超理性財富課程」創辦人鮑勃・杜爾尼（Bob Doyle）說：「如果你從擁有美好的一天開始，並且沉浸在那種快樂的感覺中，只要不讓某些事轉變你的心情，依據吸引力法則，你就會吸引更多類似的人和情境，來延續那種幸福快樂的感覺。」

已經發生的，就讓它過去吧！別再為那些傷心事煩惱、哀怨，你才能打起精神，繼續下一步的行動，讓生命裡多一些陽光。

【情緒調節】

我們可以用許多積極的辦法,去改變消極的情緒。比如說:當我們感到沮喪的時候,我們可以唱唱歌,欣賞美妙的音樂,進行體育鍛鍊,與朋友聊天,與心愛的人在一起,或是憧憬未來,回憶美麗的往事……總之,要將自己所擁有的更多的愛好和更多的朋友用來轉移注意力,把不愉快的思想和情緒通通趕走,只保留那些美好的感覺。

第十一章　轉化悲傷情緒—要有「化悲痛為力量」的智慧

2．釋放悲痛，替自己的心靈「鬆綁」

「哀莫大於心死」，足以說明一個人內心籠罩上「悲傷」的陰雲，會將人擊垮。心靈一旦進入悲傷的天地，整個人都會死氣沉沉。所以，如果有一天不幸降臨到頭上，首先要釋放這種傷感，替心靈鬆綁。

任何一個人，試圖否認、逃避自己的悲傷情緒，都會讓內心的痛苦強化，直至最後崩潰。心理學家曾做過一項調查，關於人們面對災害的情緒反應。

有一個地方發生了地震。半年以後，到精神科就診的人與日俱增。就診者說，他們在災害剛剛發生時，並沒有什麼問題，但是後來卻產生了焦躁、憂鬱、傷感等情緒，無法得到解脫。

專家分析認為，地震對這些人造成了難以磨滅的心理創傷，讓他們沉浸在失去親人的痛苦中。災害發生後，他們集中精力清理廢墟，料理雜事，然後四處奔波，重建家園。一旦從重建家園的努力中脫身，他們就會被壓抑的悲傷刺痛，於是各種不良情緒接踵而至。

事實上，他們根本沒有讓內心的悲痛發洩出來，而是積壓起來，心靈被這種痛苦的情緒裹挾著，一有風吹草動就會讓人難耐，苦不堪言。後來，心理專家建議這些人大哭一場，或者到空曠的山谷中呼喊，或者找人把內心的情感都傾訴出來。

下篇　情緒管理─做情緒的主人

經過一段時間的調整，這些人逐漸恢復了平靜，過上了正常的生活。

由此可見，一個人有了悲傷情緒，要學會給它們找一個出口，讓這些不良體驗得到宣洩與化解。反之，如果讓它們壓在心裡太久，終究會有爆發的時刻，而這對我們的身心來說，是一個定時炸彈。

釋放悲痛情緒是必要的，但也要懂得控制，而不能任由自己宣洩。如果不良情緒得不到控制，那麼就有失態、失常的危險，也是不足取的。

(1) 傷痛的時候多與家人、朋友交流

悲傷的人最需要慰藉。當你被悲痛襲擊的時候，要主動與家人傾訴，多找朋友交談。通常，你會得到應有的撫慰和關愛，讓自己的心靈得到安寧。許多人透過交流釋放悲傷情緒的時候，最後都能感受到溫暖和幸福，這是親情、友情的力量。

(2) 要宣洩悲傷，但不陷入絕望

經驗表明，悲痛的時候大哭一場，或者咆哮一番，都能讓內心的悲苦宣洩出來。不過，任由悲傷情緒發洩出來，而不懂得控制，也並非好事。因為，任由自己宣洩，很容易被這種行為牽引，而與初衷背道而馳。所以，懂得控制的情感宣洩，才是有價值的。宣洩悲傷的時候，不陷入絕望，而是痛定思痛後走向陽光的一面，才可取。

第十一章　轉化悲傷情緒─要有「化悲痛為力量」的智慧

【情緒調節】

從某種意義上說,每經過一次悲痛,就向真正成熟的人生邁出了關鍵的一步。當悲痛降臨到你的身上時,首先要釋放悲痛;接著,要控制正向情緒,痛定思痛,增強免疫力,讓身心更強大,足以接受更大風雨的砥礪。

3．直面悲傷，承認不幸才能戰勝不幸

有些人被悲傷情緒包圍時，往往會激起否認的心理反應。這種行為，反映了人內心深處的一種逃避思想。比如：有人患了癌症後，不願相信這是事實，老懷疑醫院是不是搞錯了，檢查是不是和別人的搞混了。等確定檢查結果是自己的之後，卻承受不起，不願正視現實。

悲傷的事情發生了，就去承認並接受它，想想應對的良策。這樣做，總比整天沉浸在悲傷的氛圍中更有意義。要知道，「堅強」的代名詞就是「勇氣」，它包含了承受悲傷的果敢。

在一次車禍中，雪虹殘廢了，無情的車輪碾斷了她的右腿。原本幸福的生活，一下子被蒙上了陰影，快樂的她變得憂鬱、消沉。在那陣劇烈的肉體疼痛消失後，繼而便是一陣靈魂的抽搐，她被深深地刺痛了，在精神上背上了一個沉重的包袱。

當時，整天縈繞在雪虹腦子裡的，盡是一些消極的思想，完了，這輩子算完了。一下子時空變得蒼茫，昏暗，一瞬間，雪虹猶如掉進了一個冰窟，寒冷徹骨，深深地陷入絕望中，難以自拔。

直到有一天，雪虹被幾個朋友「挾持」著拖上大街，行至十字路口，忽然看見一個身影，見他雙手握著板凳，一推一送地拖著他那失去雙腿的身子，步履艱難地走了過來。

雪虹不由得停下腳步，望著他。當他走過雪虹身邊時，他

第十一章　轉化悲傷情緒―要有「化悲痛為力量」的智慧

看了看她，隨後對雪虹笑了笑，依然邁著堅定的步伐向前走去。那臂膀如此堅實，那身影異常穩健，更有那深邃的目光，透露出堅定不移的自信。

就這樣，雪虹被震撼了，看著這逐漸消失的身影，她不住地沉思、自省 —— 終於，在這一瞬間，雪虹領悟了人生的真諦：一個人遭受不幸在所難免，迴避就是逃避，只有接受不幸才能走出不幸。

逃避，永遠是懦夫的行為，只會讓我們自己更痛苦。不願承認現實，「否認」已經存在的事實，其實是正常的心理防衛機制。但我們需要做的是，面對現實、接受現實，繼而改變現實。

盧梭曾說過：「人要是懼怕痛苦，懼怕折磨，懼怕不測，那麼他的人生就只剩下『逃避』二字。」生活中不如意的事情很多，俗話說「不如意事常有八九」，我們一生很少有幾次能真正感到自己的生活是一帆風順、海闊天空的。

人生際遇不是個人力量可以左右的，而在詭譎多變、不如意事常有八九的環境中，唯一能使我們迎接傷痛而不被其擊倒的辦法，首先便是正視它，接受它。

下篇　情緒管理─做情緒的主人

【情緒調節】

　　一位著名作家說:「對困境,先要對它說『是』,接納它,然後試著跟它周旋,輸了也是贏。」當我們在生活中遭遇不幸,首先也是最好的解決辦法便是控制好自己悲傷的情緒,「迎上去」。當你有勇氣面對任何悲傷的時候,也就不怕傷痛的侵擾了。

第十一章　轉化悲傷情緒—要有「化悲痛為力量」的智慧

4・要哭就哭，讓悲傷得到緩解

很多人覺得哭是不堅強的表現，正所謂「男兒有淚不輕彈」。男性遇到多麼巨大的壓力都不能哭泣，哭哭啼啼的女孩子也總是被父母和朋友訓斥。傳統觀念給予「哭」太多的道德壓力和束縛。在人們的頭腦裡，「哭」代表著軟弱，意味著沒有出息。但，「哭」是對人有益的，尤其是對於宣洩悲傷的情緒來說。要知道，從心理健康的角度講，「堅強」並不永遠是個褒義詞。

一位中國女士到美國看心理醫生。剛到心理診所，就看見一個大男人聲淚俱下地哭著出門，而且哭到連背都在顫抖。

看到這裡，中國女士自然是持嘲笑的態度。但當她與心理醫生開始交談時，她逐漸被醫生引導得傷心起來，而且想哭。剛開始，她還有意識地控制自己，但是後來終於忍耐不住了，漸漸痛哭起來。

美國學者對幾百名男女性分別研究後發現：在他們痛快地哭過後，自我感覺都比哭前好了許多，健康狀態也有所增進。

更進一步的研究發現，人們在情緒壓抑時，會產生某些對人體有害的生物活性成分。哭泣後，情緒強度一般可減低40％；而不愛哭泣，不去利用眼淚消除情緒壓力的結果是，影響身體健康，促使某些疾病惡化。

下篇　情緒管理—做情緒的主人

　　比如結腸炎、胃潰瘍等疾痛就與情緒壓抑有關。心理專家研究發現，人悲傷時掉出的眼淚中，蛋白質含量很高，這種蛋白質是由於精神壓抑而產生的有害物質，壓抑物質積聚於體內，對人體健康不利。

　　前面章節提過，眼淚對於人類發揮著很重要的作用，在情緒激動時流出來的眼淚帶有壓力荷爾蒙，是一種擺脫激動的最佳方法，而這也就是「催淚」產業為何在全球得到廣泛認同並迅速發展的最根本原因。即使哭泣會讓你難堪，但它是一種訊號，表明你緊張的情緒已經到了有損健康的地步。因此選擇哭泣是一個明智的做法。

　　與此同時，不少專家認為，流淚無論是「私下的」還是「當眾的」，效果一般都是積極的。哭泣能夠將傷心轉變成一種實在而具體的東西，這一過程本身就能幫助我們減少創傷感。眼淚以一種實物的形態使心理創傷具體化、形象化，這一過程和笑相似，涉及肌肉活動、呼吸急促和聲音漸高，然後逐漸平靜下來。

　　在這個過程中，整個人的緊張感會慢慢消失，然後放鬆，獲得一種釋放的感覺。女子的壽命普遍比男子長的原因，除了職業、生理、激素、心理等方面的優勢之外，善於哭泣，也是一個重要因素。

　　著名影星珍‧芳達，曾提出了一項建議──你遇到困難時，不妨哭。「當你得不到服務或者陷入窘境時，只要哭就行了。」

第十一章　轉化悲傷情緒―要有「化悲痛為力量」的智慧

不過，哭一般不宜超過 15 分鐘。悲傷的心情得到發洩、緩解後就不能再哭，否則對身體反而有害。因為人的胃腸機能對情緒極為敏感，憂愁悲傷或哭泣時間過長，胃的運動會減慢，胃液分泌減少，酸度下降，從而影響食慾，甚至引起各種胃部疾病。

有人覺得自己該哭也想哭的時候是常有的，但就是怎麼也哭不出來。這時候，你不妨使用「不用洋蔥和辣椒自然哭出來」的妙方，這是美國著名心理學博士魯思的創見。

- 尋找一個隱祕的空間，舒服地坐下，將手放在胸前鎖骨的上方。
- 呼吸只到手放的地方。
- 急促地出聲吸吐氣，發出像嬰兒的哭泣聲，仔細傾聽其中的哀傷。
- 回想傷心往事，允許自己流露軟弱。
- 多次持續地練習，如太陽穴隱隱作痛，就是壓力累積過多，需要加強訓練。

古人說：「忍泣者易衰，忍憂者易傷。」可見該哭不哭對健康危害極大。能讓自己該哭的時候可以哭，有地方哭，這樣的生活才健全，這樣的心理才健康。

【情緒調節】

哭要適當運用而不能濫用,我們不提倡凡事都用哭來解決。人不是簡單的動物,不能像動物一樣,重複情緒堆積、發洩的簡單過程。人是有認知功能,有控制能力的,如果一個人遇到任何困難和壓力,都不積極主動地去化解,總是把哭當作一種發洩的方式,久而久之,哭就可能成為一種習慣性的行為,他的主動性、積極性、應對困境的能力就會下降。

第十一章　轉化悲傷情緒─要有「化悲痛為力量」的智慧

5・換個角度看悲傷，會得到快樂

「順利只能引導我們走向世界的一端，不幸卻能將我們調轉方向，讓我們看到世界的另一端。」人要懂得善待不幸、辯證觀事，深知很多事情從眼前看來可能是壞事，但從長遠來看，也許正是幸福和快樂的先兆。

外企OL小璐有一次在和一個客戶談專案時，雙方非常投機，對方突然決定立刻簽訂合約。可是當時再通知公司主管已經來不及了，於是，小璐出面與對方簽訂了合約。

其實細算起來，那應該算是一筆大單。但後來公司卻以她擅自越權為由，向她提出了解約。當時小璐無法理解為什麼自己為企業帶來了這麼多的效益卻仍得不到信任。

後來，她從側面了解到：由於她的能力很強，她在公司內部的對手向公司管理層打小報告，說她與客戶私下有金錢交易。而這次她與客戶簽訂合約，讓本來疑心就重的經理下定決心「炒」掉她。

對這個決定，小璐非常氣憤。但冷靜下來後，她認為自己在這樣的主管手下和企業環境中工作，對自己未來的發展會非常不利，這次的離職其實也是自己重新發展的一個大好契機。只是以自己被「炒」為結局，實在不甘。於是她找到公司，要求由自己提出辭職。

在談自己的經驗時，小璐覺得「被炒」未必是件壞事。知名

下篇　情緒管理─做情緒的主人

企業有它吸引求職者的巨大魅力。但同時也要看清，作為知名企業，尤其是外企，它們有自己悠久的歷史、完整的體系。這些在成為企業優勢的同時，也會成為個人發展的絆腳石。

艾琳・伊根（Eileen Egan）曾在慈愛會中和廣為美國人所敬愛的德蕾莎修女共處三十餘載。在她的一本書中記述了德蕾莎修女對待人生的態度：

「一次，當我做完彌撒，和德蕾莎院長談到人世間諸多的痛苦不幸時，她對我說：『其實，世上的痛苦又何嘗不是俯拾皆是，但如果我們視其為上天恩賜的禮物，那麼人們周圍便會減少幾許悲觀，平添些許快樂……』

不久以後，我和德蕾莎院長乘飛機去紐約。但飛機起飛前卻發現了故障，被迫停飛。當時，我感到失望和沮喪，但想起了德蕾莎院長曾說過的話，便這樣對她說道：『院長，我們今天得到了一份禮物 —— 我們得待在這裡等四個小時，您無法按照計畫趕回修道院了。』

德蕾莎修女聽完我的話，微笑著看了看我，然後便安然地坐下來，拿出一本書，靜靜地讀了起來。

從那以後，每當悲傷情緒即將襲擊我時，我便會用這樣的話語來表達：『今天我們又得到了一份禮物』、『嗯，這可真是個特殊的大禮物』……而這些話竟然真有著神奇的效果，往往就在不經意間，困頓難釋的心境變得開朗，莫名的煩惱也消失不見，連微笑也會在說話間悄悄爬上人們的臉頰……」

生活中不可能只有歡笑，沒有悲傷。每個人的心底都會有或深或淺的悲傷。許多時候，有了悲傷的體驗，你才能更珍惜

第十一章　轉化悲傷情緒─要有「化悲痛為力量」的智慧

快樂的愜意。因此，悲傷的時候，不妨就好好體驗一下這份傷感，讓身心得到一次淬鍊，也許在不久的將來你就能清楚其中的益處。

【情緒調節】

「悲傷兮快樂之所倚」，這其實就是要我們學會辯證地對待悲傷情緒。悲傷情緒透過我們的自制，也會合理地轉化為積極的情緒，讓我們有更多的時間去做有意義的事情，而不是自怨自艾。

6・戰勝苦難，化傷痛為力量

當我們面臨苦難時，要將自己的悲傷情緒進行遷移，從重壓和苦難中汲取營養，尋找一絲似夢的明光。要知道，上天是公平的，把這份苦澀的禮物賞給了每一個人，以至於我們不能抱怨他的冷酷或者偏心。

春秋時期，吳越兩國相鄰，經常打仗。有一次，吳王領兵攻打越國，被越王勾踐的大將靈姑浮砍中了右腳，最後傷重而亡。吳王死後，他的兒子夫差繼位。三年以後，夫差帶兵前去攻打越國，以報殺父之仇。

西元前494年，兩國在夫椒交戰，吳國大獲全勝，越王勾踐被迫退居會稽。吳王派兵追擊，把勾踐圍困在會稽山上，情況非常危急。此時，勾踐聽從了大夫文種的計策，準備了一些金銀財寶和幾個美女，派人偷偷地送給吳國太宰，並透過太宰向吳王求情，吳王最後答應了越王勾踐的求和。

越王勾踐投降後，便和妻子一起前往吳國，他們夫妻倆住在夫差父親墓旁的石屋裡，做看守墳墓和養馬的事情。夫差每次出遊，勾踐總是拿著馬鞭，恭恭敬敬地跟在後面。後來，夫差認為勾踐對他敬愛忠誠，於是就把勾踐夫婦放回了越國。

越王勾踐回國以後，立志要報仇雪恨。為了不忘國恥，他睡覺就臥在柴薪之上，坐臥的地方掛著苦膽，表示不忘國恥，不忘艱苦。經過20年的沉澱，越國終於由弱國變成了強國，最後打敗了吳國，吳王羞愧自殺。

第十一章　轉化悲傷情緒—要有「化悲痛為力量」的智慧

勾踐臥薪嘗膽，最後反敗為勝。這份功業，來自他良好的心理素養，即不被苦難壓垮，不在困難面前屈服。

任何時候，苦難都是英雄的營養，而英雄又何曾把苦難放在心上，自怨自艾？他們把苦難當作歷練的基石，在苦難中理解人生，並獲得進步的動力。因此，你不會在成功者身上看到肆無忌憚的悲傷情緒。

「身是菩提樹，心如明鏡臺。時時勤拂拭，莫使惹塵埃。」佛家的這首偈子告訴我們，人生的煩惱往往是自己給自己編織的一個囚籠，有時候心無旁騖反而可以活得快樂。因此，不要帶著悲傷上路，別把傷痛放在心上，你才能獲取奮進的力量。

【情緒調節】

人都是握著拳頭來到這個世上，然後又撒手離去的。所以不要把時間花費在累積那些終究要化為灰燼的東西上，與其讓悲傷情緒困擾一生，還不如化悲痛為力量。

下篇　情緒管理—做情緒的主人

7・一切都會過去，包括苦難

　　人生的道路遙遙漫長，雖然道路布滿荊棘和坎坷，但能日夜行進在這條路上應該是一種幸福和快樂。因為，人生就是抗爭，就是奮進，就是勇往直前，如果被眼前的困苦鎖住了手腳，那麼前途永遠都會是黑暗的。

　　人活著，最重要的是什麼？是對身邊人和事的感受，也就是當事人的心情。除此之外，得或失，榮或辱，貧或富，都是過眼雲煙。

　　生活中，每個人都在追尋快樂的真諦。自己期望的目標逐一實現了，但是仍然有一些問題困擾著我們。終於有一天想明白了，人活著只要快樂就好。

　　從前有一位國王得到一塊價值連城的鑽石，他要把鑽石做成戒指，要求大臣們寫一句話在紙條上放進戒指裡，讓他在危難之際可以拿出來看並能轉危為安。大臣們饒是學識淵博，卻怎麼也想不出一句可以救國王於水火的話來。

　　這時候國王的老僕人站了出來，寫了一句話在紙條上，要求國王到山窮水盡之時再開啟來看。

　　某一日外族來侵，國王戰敗，獨自一人逃命，而敵兵窮追不捨。逃至一處懸崖之上，國王面臨萬丈深淵，感到了絕望。在生死攸關之時，國王想起了那張紙條，急忙開啟來看，上面寫道：「一切都會過去的。」國王的心頓時平靜了下來。追兵在

第十一章　轉化悲傷情緒—要有「化悲痛為力量」的智慧

林中迷失了方向，國王轉危為安，重新集結隊伍，經過苦戰收復了失地。

有一種說法，人活著就是吃苦。有些人無法承受這種孤獨，甚至感受到了一種絕望。而有些人則從中體驗到了生命的意義，他們相信苦難終究會過去，也終究會結出甜美的果實。所以，在奮鬥的過程中，他們不傷感，不悲涼，反而透過磨礪變得成熟穩重。這，其實是一條成長的必經之路。

生活中，多少歡喜多少憂愁？勝利者歡呼雀躍瘋狂至極，失敗者則痛哭流涕，捶胸頓足。勝利的歡喜當然值得慶賀，但失敗者又何必如此痛苦而難過呢？當你走進賽場的時候，應該知道大家面對的就只有兩個答案：勝與敗。勝也好，敗也罷，都只代表現在，一切都會過去。

「任它雨打風吹，我自閒庭信步」，無論發生了什麼，一切都會過去的。該發生的已經發生了，驚慌得像無頭蒼蠅一般亂竄或者絕望無措都不能解決問題。解決問題的前提是正視現狀，讓心平靜，讓頭腦清醒，然後才會有正確的解決問題的方案。簡單的道理，然而並非人人在事情來臨時還能想到。想想自己時時為工作上的事、生活上的事煩惱頭痛，事後又發現所有的事情都會告一段落，那些煩惱、躁動實在是不智之舉。

如果你遭受挫折，身陷逆境面對冷遇，甚至是欺辱，請不要心灰意冷，要相信「一切都會過去」，世上沒有永遠的風光也沒有永遠的灰暗。如果你現在有權有威，請不要高高在上、飛揚跋扈、得意忘形，也請你相信「一切都會過去」。

下篇　情緒管理─做情緒的主人

【情緒調節】

　　也許我們每個人在為自己設定的目標而努力的時候，想到的總是美好的結果，往往會忽略失敗的結局。我們在全力以赴奮鬥的過程中遭遇失敗的時候，失落可能會成為最後吞噬你的致命的惡魔。這個時候，你需要做情緒的主人，化悲傷為動力，相信一切都會過去的。

第十二章　放下後悔情緒 ──
對已經發生的不要糾結不休

　　人生應該少一點顧慮，多一點希望；少一句牢騷，多一點勇氣；少一點憎惡，多一分熱愛。何必對一些過去了的事情耿耿於懷呢？雖然改變不了過去，但是你總可以改變自己的心情，讓自己好過點。請牢記一點，真正重要的東西還握在你手裡，你擁有現在和未來。

下篇　情緒管理—做情緒的主人

1・不要為打翻的牛奶哭泣

泰戈爾說過：「當你為錯過太陽而傷神時，你也將錯過星星。」無論你快樂或者痛苦，生活是不會因此而放慢腳步的。人生是一個過程，而不是一種結果，所以人一生就是把無數明天變為今天，再把今天變為昨天的過程。就算我們錯過了昨天，還有好多可以把握的今天。

保羅博士曾替他的學生上過一堂難忘的課。這一個班多數學生為過去的成績感到不安，他們總是在交完試卷後充滿憂慮，擔心自己不能及格，以致影響了下階段的學習。

有一天，保羅博士在實驗室講課，他先把一瓶牛奶放在桌子上，沉默不語。學生們不明白這瓶牛奶和所學課程有什麼關係，只是靜靜地坐著。忽然，保羅博士站了起來，一巴掌把那瓶牛奶打翻在水槽之中，同時大聲喊了一句：「不要為打翻的牛奶哭泣！」然後，他讓所有的學生圍攏到水槽前，仔細看那破碎的瓶子和流著的牛奶。

接著，博士一字一句地說：「你們仔細看一看，我希望你們永遠記住這個道理。牛奶已經流光了，不論你怎樣後悔和抱怨，都沒有辦法挽回一滴。你們要是事先想一想，加以預防，那瓶牛奶還可以保住，可是現在已經晚了，我們現在所能做到的，就是把它忘記，然後注意下一件事。」

生活中，你可以設法改變三分鐘以前所發生的事情產生的

第十二章　放下後悔情緒—對已經發生的不要糾結不休

後果，但不可能改變三分鐘之前發生過的事情。唯一能使過去有價值的辦法是，以平靜的態度分析當時所犯的錯誤，從錯誤中得到刻骨銘心的教訓——然後再把錯誤忘掉。

著名的棒球手康尼・馬克（Connie Mack），談起他對於輸球的煩惱時說：「過去我常常這樣做，為輸球而煩惱不已。現在我已經不幹這種傻事了。既然已經成為過去，何必沉浸在痛苦的深淵裡呢？流入河中的水，是不可能取回來的。」

不錯，流入河中的水是不可能取回的，打翻的牛奶也不可能重新收集起來。但是你可以在事情發生後採取積極的態度，而不是沉浸在傷感、後悔的情緒裡。

一位前重量級拳王談到失敗時說：「比賽的時候，我忽然感到自己似乎老了許多。打到第十回合，我的面部腫了起來，渾身傷痕累累，兩隻眼睛痛得幾乎睜不開，只是沒有倒下罷了。我模糊地看見裁判員高舉起對方的右手，宣布他獲得比賽的勝利。我不再是拳王了。」

以後的日子怎麼過呢？昔日的拳王嘗試再次比賽，企圖找回自信，但是沒能如願。接著，他面對現實，告訴自己不必生活在過去，要承受住打擊，絕不能讓失敗打倒自己。

這位前重量級拳王實現了他的諾言。他承認了失敗的事實，跳出煩惱的深淵，努力忘掉一切，集中精神籌劃未來。他努力地經營比賽、宣傳和展覽。他使自己忙於建設性的工作，沒有時間為過去煩惱。這使他感到現時的生活比當拳王時的生活還要快樂。

下篇　情緒管理─做情緒的主人

他在不知不覺之中實踐著莎士比亞的一句名言:「聰明人永遠不會坐在那裡為他們的損失而哀嘆,卻情願去尋找辦法來彌補他們的損失。」

已經發生的事情,就讓它過去吧!後悔也沒有用。順其自然,保持平和的心態,讓當下的自己保持一份平淡,這才是生活的真諦。

不要為失去的東西而惋惜或後悔,甚至埋怨生活。要知道,真正重要的東西還握在你的手裡,你依然擁有現在和未來。即使你埋怨,一切也不會改變,失去了的東西是永遠也不可能回來的。

【情緒調節】

過去的已經過去,時間就像「黃河之水天上來,奔流到海不復回」,過去的歷史不能重新開始,不能從頭改寫。所以,不必有後悔情緒,不必憂慮和悲傷,不必流眼淚。在這個世界上,人們難免有失策或愚蠢的行為,那又怎麼樣呢?要勇於忘記過去的不幸,重新開始全新的生活。

第十二章　放下後悔情緒─對已經發生的不要糾結不休

2・心態豁達，不和自己過不去

一位英國哲人說過這樣一句名言：「人之所以不安，不是因為發生的事情，而是因為他們對發生的事情產生的想法。」也就是說，對於已成現實的事情，即使結果不好，我們也應該調整好自己的情緒，平靜地接受它。

在一個鄉村，有一對清貧的老夫婦。有一天，他們想把家中唯一值點錢的一頭牛牽到市場上去換點更有用的東西。

老頭牽著牛去趕集了。他先與人換回一頭驢，又用驢去換了一隻羊，再用羊換來一隻肥鵝，又把鵝換了母雞，最後用母雞換了別人的一大袋爛蘋果。在每次交換中，老頭都想給老伴一個驚喜。

在回家的途中，老頭扛著大袋子蘋果來到一家小酒館歇息，遇上了兩個商人。閒聊中，他談了自己趕集的經過，兩個商人聽得哈哈大笑，還說：「回去肯定會挨老婆一頓罵。」

然而，老頭堅稱絕對不會。於是，兩個商人就用一袋金幣打賭，如果他們說的不對，就把這袋金幣送給老頭。

3個人回到老頭的家裡。老太婆見老頭子回來了，非常高興，她興奮地聽著老頭子講趕集的經過。每聽老頭子講到用一種東西換了另一種東西時，她都對老頭欽佩不已，嘴裡還不時地說，「哦，我們有驢子可以馱東西了」，「羊奶也同樣好喝」，「哦，鵝毛多漂亮」，「我們有雞蛋吃了」。

最後，聽到老頭子背回一袋爛蘋果時，老太婆同樣不慍不

下篇　情緒管理—做情緒的主人

惱，大聲說：「我們今晚就可以吃到蘋果餡餅了！」

結果，兩個商人頓時傻了眼，沒想到老太婆這麼樂觀積極，就這樣，他們輸掉了一袋金幣。

俗話說：「宰相肚裡能撐船。」這位老太婆雖然不是宰相，但是她不會為失去一件好的東西而惋惜或埋怨生活，這不僅是大度，更是對生活的一種豁達。

豁達會讓我們在遇到困難時，能夠冷靜思考，採取積極的行動，戰勝它，克服它，會活得比別人更快樂、瀟灑。

為什麼生活中的人擔心這個，憂慮那個？是因為他們缺少一顆豁達心，不懂得放下已經不存在的東西，還糾結於那些早已成為過去的東西。於是，他們埋怨自己、悔恨不已，總與自己過不去。

所以，遇到不順心的事情，別總是後悔自己當初的決定，總抱怨自己判斷失誤。要學會把目光聚焦於明天，期待未來的好運程，這樣一來生活中就會多一些開朗、樂觀，你的生活就會飽滿而充實。

【情緒調節】

與其悔恨，不如用行動改變自己。生活中的不如意難以避免，經歷人生風雨的時候，豁達的心態是我們應對坎坷與挫折的良藥——它能夠使我們保持開闊的胸襟，積極樂觀地堅守自己的人生理想，避免了因一次打擊而一蹶不振的尷尬。

第十二章 放下後悔情緒—對已經發生的不要糾結不休

3.積極反思，從後悔中吸取教訓

人都有做錯事情的時候，做錯事就可能會後悔。產生後悔的心理並不可怕，可怕的是消極地對待後悔。有些人做錯了事就強迫自己不去後悔，這樣只會一直錯下去，直到泥足深陷，這時再後悔或許就已經晚了。

其實，一個人只有懂得後悔，才能學會吸取教訓，以後才不會再犯同樣的錯誤。需要注意的是，產生後悔情緒時，要懂得自我控制，也就是說別讓後悔情緒無限蔓延。因為，無休止地後悔和埋怨，會惡化你的情緒，且對未來毫無幫助。如果你要為一件事後悔一年，倒不如只用一個月的時間後悔，剩下的十一個月拿來改變。

有一位同學，功課很好，依他的實力本是可以考取臺大或清大的，但是，為了「保險」，他只申請了普通的國立大學，後來卻發現，一些分數比他低的同學都考上了臺大。但是這位同學並沒有因為自己一時的選擇失誤而一蹶不振，浪費時間，而是化後悔情緒為前進的動力，在大學期間繼續努力，後來考取了清華大學的研究所，完成了自己的心願。

另一位同學，長得虎背熊腰，講兄弟義氣，朋友被人欺負了，請他「出馬」，他毫不猶豫地答應了。結果，他大打出手，一不留神，將他人打殘，被送進了少管所。此時的他，開始怨恨自己的魯莽粗野，陷入無窮無盡的後悔情緒中，從此再沒有

下篇　情緒管理—做情緒的主人

精力去讀書，後來自暴自棄，一事無成。

後悔是人心理上的一種遺憾感情，但是它並不是完全消極的，因為在後悔中隱含著自己對挫折、失敗的反思，隱含著一種「跌倒了，爬起來」的願望。一個人只有懂得後悔，才不會犯同類的錯誤，那麼，下一次也許會做得更好。所以，與其強迫自己不後悔，不如從後悔中學習。

有了悔意，很正常，關鍵是怎麼對待它，下一步怎麼走。正確地對待後悔就要學會將後悔轉化為深刻的經驗教訓，從而不斷完善自己。為此，我們可以從以下幾個方面入手：

(1) 反思

解決問題的最好方法就是對症下藥。只有知道自己為什麼後悔，才能找到解決問題的方法。以後如果再遇到類似的問題，就可以做出不再讓自己後悔的舉動。

(2) 定位

正確地估計自己的能力，找準自己的位置，就不會對自己抱過高的期望，不致因失敗而心生埋怨。應該大膽地行動，同時做好為自己一切行為承擔責任的心理準備。只有在行動中全面認識、鍛鍊自己的能力，發現自己的優勢，找到自己的短處，重建自信的基底，才能減少失敗免生後悔。

(3) 淡化

　　淡化後悔的情緒並不是徹底忘記，適當地在心裡保留後悔的經驗教訓才能在未來的處事中更加認真、慎重。而「健忘」正是屢屢犯相同錯誤的最根本的原因。在後悔情緒較嚴重的時候應該及時淡化這種情緒，投入到積極的挽救行動中去。空想是沒有用的，實際行動才是解決問題的直接辦法。

> **【情緒調節】**
>
> 　　「人非聖賢，孰能無過，過而能改，善莫大焉」，這是自古人們就明白的道理。人都有犯錯、後悔的時候，但是只要能知錯，正確對待後悔，累積經驗，相信終會在人生的岔路口做出無悔的選擇。

下篇 情緒管理—做情緒的主人

4・選擇現在，做好自己

往事不可追。昔日的時光不論是好的、壞的，都已經過去了，受苦受難也好，幸福愉快也罷，通通都留存在了我們的記憶中，豐富了我們的閱歷，錘鍊了我們的思想。

不過，總有一些人，一味沉迷於對往事的懷戀或者戚戚於昨日的傷痛，這樣做是完全沒必要的。其實，人生最美好的時光，正是你寶貴的現在。別去後悔過去，牢牢把握當下，你的人生就會很精采。

1973年，英國利物浦市一個叫科萊特的青年，考入了美國哈佛大學，常和他坐在一起聽課的是一位18歲的美國男子。大學二年級那年，這位男子和科萊特商議，一起退學，去開發財務軟體。當時，科萊特感到非常驚詫，覺得現在退學還不是合適的時機，便委婉地拒絕了那位男子的邀請。

10年後，科萊特成為哈佛大學電腦系Bit方面的博士研究生，那位退學的男子也是在這一年，進入美國《富比士》雜誌億萬富豪排行榜。1992年，科萊特繼續攻讀，拿到博士後學位；那位美國男子的個人資產，在這一年則僅次於華爾街大亨巴菲特，達到65億美元，成為美國第二富豪。1995年，科萊特認為自己已具備了足夠的學識，可以研究和開發32Bit財務軟體了，而那位男子則已繞過Bit系統，開發出Eip財務軟體，它比Bit快1,500倍，並且在兩週內占領了全球市場，這一年他成了世

第十二章　放下後悔情緒－對已經發生的不要糾結不休

界首富，一個代表著成功和財富的名字 —— 比爾蓋茲也隨之傳遍全球的每一個角落。

科萊特則非常後悔，為過去的失誤痛悔不已。堂堂哈佛的博士研究生，最後成為一個沉浸在後悔中無法自拔、碌碌無為的人。

是啊，不要為過去的失誤而一味痛悔，也不要總沉浸在對明天的想入非非裡，最重要的是要把握現在。過去的歲月也許是春風得意也許是痛苦無奈，但又有什麼關係呢？日子還不是一樣這麼一天天地過來了。當一切都成為往事的時候，昔日裡的風光無限或者艱難困頓也會隨之遠去，所有的經歷都變成了我們珍貴的人生財富。

同樣，人生是一個充滿了變數的旅程，月有陰晴圓缺，人有旦夕禍福，未來對於我們而言是一個未知數。這也需要我們把握現在，做好自己。否則，未來某個時刻才意識到今天沒努力，那麼只有在未來後悔今天的愚蠢了。

【情緒調節】

每個人都有自己的路途，途中會出現各種過客，每段經歷都是生命留下的印記，不論回憶是美好的還是痛苦的，都是已經發生的。不要過分後悔，而應調整好情緒，迎接每天升起的太陽。生命短暫，青春有限，你沒有太多的時間去等待、去追憶、去痛苦。把握好現在，做好自己，你就會有更多的精力面對未來。

下篇　情緒管理—做情緒的主人

5・人生沒有第二次選擇

　　蘇格拉底說：「沒有第二次選擇。人生就是如此。」在做出選擇前，我們要考慮清楚，不留下遺憾；要是不幸有了遺憾，我們可以盡力補救；要是無法補救，我們只好勇敢地接受。事後，還沉浸在「如果」的假設中抱有後悔情緒，是毫無意義的。人生只有一次機會，世上沒有一棵樹能夠結出名為「如果」的果實。

　　有一次，幾個學生向蘇格拉底請教人生的真諦，蘇格拉底把他們帶到樹林邊，這時正是果物成熟的季節，樹枝上沉甸甸地掛滿了果子。

　　「你們各自順著一行果樹從林子這頭走到那頭，每人摘一枚自己認為最大最好的果子。不許走回頭路，不許做第二次選擇。」蘇格拉底神祕莫測地說。

　　學生們在穿過果林的整個過程中，都十分認真地進行著選擇。等他們到達果林的另一端時，老師已在那裡等候著他們。

　　蘇格拉底問：「你們是否都完成了自己的選擇？」

　　學生們你看著我，我看著你，都不回答。

　　蘇格拉底接著問：「怎麼啦？孩子們，你們對自己的選擇滿意嗎？」

　　一個學生請求說：「老師，讓我再選擇一次吧！我走進果林時，就發現了一顆很大很好的果子，但是，還想找一顆更大更好的。當我走到最後，卻發現第一次看見的那枚果子就是最大的。」

第十二章　放下後悔情緒—對已經發生的不要糾結不休

另一個學生接著說：「我和他恰巧相反，走進果林不久就摘下了一枚自認為是最大最好的果子，可是後來我發現，果林裡比我摘下的這枚更大更好的果子多的是。老師，請讓我也再選擇一次吧！」

這時候，其他學生一起請求：「老師，讓我們都再選擇一次吧！」

蘇格拉底堅定地搖了搖頭：「孩子們，沒有第二次選擇，這是遊戲規則。」

人生沒有回頭路，沒有第二次選擇。很多事情，當你經歷過才發現自己沒有好好把握；很多人，當你錯過後才懂得珍惜。但往事不再現，光陰一去不復返，你只能黯然神傷，悔恨不已。其實，既然無法挽回過去，還不如坦然面對當下，珍惜當下，從容做好下一次選擇。

珍惜我們當下擁有的，珍惜離我們心靈最近的，珍惜我們最容易熟視無睹的，珍惜我們常常在不經意間失去的。

所以，聰明的人總會在每天早上醒來時，問一問自己，今天我應該做些什麼？而當每天晚上睡覺時，再同樣問一問自己，今天我都做了些什麼？今天應該做的事情，絕不延到明天。因為，常常有人由於只偷得了一分鐘的閒，卻換來了一生的悔恨，儘管悔恨總比滿不在乎好；一定要最真實地把握住當下，不要只是生活在期望中，雖然生活中不能沒有期望。那麼怎麼才能把握當下呢？

下篇　情緒管理—做情緒的主人

- 你需要保持快樂的心情。正如美國總統林肯所說的「大部分的人只要下定決心都能很快樂」。因為快樂是來自內心的，而不是存在於外在。有了快樂的心情，就能保證你以飽滿的情緒去迎接困難的到來。
- 你需要一個健康的身體。你要參加運動，使它能成為你爭取成功的好基礎。
- 你需要學一些有用的東西。這些有用的東西會成為你成功必備的技能。
- 你需要制定一個計畫。你最好寫下下一個小時該做什麼事，也許你不會完全照著做，但依然還是要定下這個計畫，因為這樣至少可以免除兩個缺點：過分倉促和猶豫不決。
- 你需要做到心中毫無懼怕。你不要怕失敗，只有勇往直前，才能到達勝利的彼岸。

愚蠢的人總是在回憶和後悔中消耗時間。光陰似箭，最實在的就是當下這一秒鐘，請抓住它，利用它。當下永遠勝過過去和未來，因為只有它屬於你。

第十二章　放下後悔情緒─對已經發生的不要糾結不休

【情緒調節】

慎重對待當下：當下對任何人都是唯一的，人生沒有第二次選擇。過去不復存在，未來尚很遙遠，唯有當下，才是我們最應該珍惜的。活在當下，給了我們一種絕妙的生活方式。「已得到」並不重要，「已失去」並不可悲，我們需要掩埋過去，無論那裡是傷痕還是榮耀。明天難以掌控，年輕不是藉口，我們需要理想，但更需要行動來完成自己的目標。所謂珍惜，只是把握當下這一刻，因為，每個人唯一擁有的只有當下。

下篇　情緒管理─做情緒的主人

6・想得開才是天堂

　　有這樣一種情況，許多人喜歡跟自己較勁。有時候，這種堅持是必要的，但是許多時候卻是一種藩籬。「不到黃河不死心」，時光匆匆過，恐怕別人已經欣賞了更多美景，而你還在原地坐困愁城。要知道，面對同一件事，想得開是天堂，想不開是地獄。

　　有個女孩很要強，總是怕別人看不起自己。考大學那年，因為過度擔心考不好，於是整天開夜車，最後由於體力不支，臨考前病倒了，結果只上了一間私立大學。

　　畢業後，她開始工作，遇到任何事情都積極參加，卻總會「好心辦壞事」，屢次被辭退，事業毫無起色。

　　終於她結婚了，本來寄希望於家庭幸福的她又失望地發現，老公不能給自己更好的生活基礎，對自己越來越漠不關心。於是，她整天吵著和老公鬧離婚，孩子的學業也受到影響，整個家庭雞飛狗跳。

　　在這樣的生活中，天倫之樂，以及其他原本該有的快樂似乎離她很遠很遠。每天，她都後悔自己當初的選擇，結果心情越來越糟糕。

　　生活真的對她不公平嗎？難道真的是選擇的錯誤嗎？究竟是哪裡出了問題呢？讓我們看看另一位女孩的經歷吧！

　　這個女孩與上一個女孩相反，她總是一副無所謂的樣子，

第十二章　放下後悔情緒－對已經發生的不要糾結不休

似乎天大的事都不放在心上。考大學時，別人都急得像熱鍋上的螞蟻，吃不好睡不好，她卻吃得飽、睡得香。有人問她為什麼不著急，回答是：「急也沒用，反正該學的我也學了，考成什麼樣子就什麼樣子吧！」結果，她超常發揮，高興地考進了自己夢寐以求的大學。

工作後，身邊的人都巴結主管，希望獲得一個更好的職位，她卻按兵不動，在自己的職責中開心做事。過了幾年，她由於工作經驗豐富、執行到位，被委以重任，擔任要職。

結婚前，身邊的姐妹都挑來挑去，生怕嫁得比別人差，她卻找了一個很普通的人。婚後，老公對她很好，幾年後兩個人就透過奮鬥，擁有了該有的一切。因為不苛求，反而收穫了無盡的快樂，也讓成功在該來的時候到達了身邊。

生活中有太多的東西值得我們去追求，但是我們又沒有足夠的精力，這就常常使我們因為沒有達到目的而感到後悔。因此，不要悲傷，不要難過，魚和熊掌不可兼得，面對兩難的選擇時，要學會放棄其中一個，絕不後悔。

許多人都在問一個相同的問題：生活幸福的奧祕是什麼？其實答案很簡單，它就是「看得開」。無論面對順境還是逆境，無論承受壓力還是閒庭信步，都能泰然處之，不為無謂的得失苦惱，過好當下的每一刻，幸福人生唾手可得。

下篇　情緒管理─做情緒的主人

【情緒調節】

　　人的一生中有許許多多的欲求,有些能得到,有些永遠都得不到。這世上形形色色的人群,有成功的人,也有相對落魄的人。許多時候,看開一切,不但內心愉悅,也更容易輕裝前行,去接近心中的夢。

第十三章　戰勝挫折情緒 ──
鍛造屢敗屢戰的魄力

　　生活態度積極的人，內心必定充滿活力，即使是突然下起的暴雨，他也認為是上天賜予的甘霖。再大的困難他都不以為意，因為事情再麻煩，他也會笑著說「沒關係，小事一件」。面對挫折，他懂得感恩，心存感激，並把不滿化作前進的動力，這樣的人不會有人生谷底，他會永遠屹立在生活的最高峰。

下篇　情緒管理—做情緒的主人

1·挫折是「家常便飯」

　　漫漫人生路，總是苦樂相摻，悲喜相伴，而挫折坎坷又往往比平坦之路更多。因而挫折會伴隨每個人的一生。

　　適度的挫折具有一定的積極意義，它可以幫助人們驅走惰性，使人奮進。挫折又是一種挑戰和考驗，英國哲學家培根說過：「超越自然的奇蹟多是在對逆境的征服中出現的。」關鍵就在於我們應該如何去面對挫折。

　　貝多芬是偉大的交響樂音樂家，他創作出了許多膾炙人口的作品，而這種成就的獲得卻並非一帆風順，而是充滿了艱辛。但是正由於貝多芬笑對種種苦難，才最終成就了自己輝煌的人生。

　　貝多芬的父親是一位宮廷男高音歌手，在他的教導下，貝多芬從4歲起就學習彈鋼琴，並對長笛、小提琴、中提琴等進行了廣泛了解。17歲時，母親去世，父親終日飲酒，於是家庭的重擔落到了貝多芬的肩上。後來，他到各地學習知識，接受系統的音樂教育，使自己的事業逐漸發展起來。

　　然而不幸和打擊卻意外地接踵而來。1796年，26歲那年，貝多芬開始感覺到耳鳴和聽力下降，並且病情日益惡化，這嚴重威脅到貝多芬的音樂生命。到了中年，貝多芬的耳朵已完全喪失了聽覺，但是，失聰之後，他立下誓言：「我將扼住命運的咽喉，它絕不能使我完全屈服。」

第十三章　戰勝挫折情緒—鍛造屢敗屢戰的魄力

　　正是這種堅如磐石、堪泣鬼神的意志,使他登上了藝術殿堂的高階。在漫長的時間裡,貝多芬沒有放棄自己的音樂理想,他不停地耕耘,先後創作出《月光》、《第二號交響樂》、《克羅采》、《第三號交響樂》、《黎明》、《熱情》等作品,贏得了「交響樂之王」的稱號。

　　「天才是百分之一的靈感,百分之九十九的汗水。」這是愛迪生留給我們的頗有見地的名言。想要獲得自己期望的幸福、成功、快樂,我們必須付出自己的努力,特別是在遭遇挫折時,更不能輕易放棄。

　　世事常變易,人生多艱辛,我們對生活的發展要有一個清楚的認知,不可奢望一勞永逸的結果。古往今來,凡是擁有大志、成就大事的人,都飽經磨難、備嘗艱辛。

　　既然苦難和挑戰不可避免,我們就要學會不在逆境中沉淪,笑對逆境,奮起抗爭。遭遇挫折的時候,應該懂得從如下兩個方面努力:

(1) 在挫折中磨礪自己

　　生活中的挫折和磨難,並不都是壞事。平靜、安逸,舒適的生活,使人安於現狀,貪於享樂。接受挫折和磨難的考驗,才使人變得堅強起來。「自古雄才多磨難,從來紈袴少偉男。」痛苦和磨難擴大我們對生活的認知範圍和認知深度,使自己更加成熟。幫助我們了解人事關係的複雜性,透過總結經驗,改進自己,使我們在調整和處理人際關係上學到更多的東西。「水

激石則鳴，人激志則宏。」

成就事業的過程往往也就是戰勝挫折的過程。強者之所以為強者，在於他們遇到挫折時根本沒有消沉和軟弱，他們善於克服自己的消沉和軟弱。挫折的積極作用，就是激發人的進取心，磨練人的性格和意志，增強人的創造力和智慧。使人面臨問題時能更清醒，從而增長知識和才幹。

(2) 快速突出重圍

身陷逆境的時候要善於從中尋找逆境出現的原因，以及解決問題的方法和途徑。無論是主觀上的過錯，還是客觀條件的改變，都會給我們帶來麻煩。然而重要的問題是主動解決問題，這樣就能避免過分抱怨，從而獲得突破。

【情緒調節】

拿破崙曾說過這樣一句話：「最困難之時，就是離成功不遠之日。」成功必定是要經過反覆多次磨練的，所以我們應該好好珍惜。遇到挫折，我們只有相信自己，才會有勇氣去迎接挑戰，才不會在困難和挫折面前打退堂鼓。學會面對挫折，也是生命的一種饋贈，因為人們真正的奮起，往往始於挫折。

第十三章　戰勝挫折情緒－鍛造屢敗屢戰的魄力

2．提高「抗挫折力」，獲得「逆境商數」

有人說：「在最黑暗的土地上生長著最嬌豔的花朵，那些最偉岸挺拔的樹總是在最陡峭的岩石中扎根，昂首向天。」人們所經歷的每一次不幸並非都是災難，早年的逆境對於人生來說通常是一種幸運。與困難抗爭雖然磨破了我們稚嫩的雙手，也為日後更為激烈的競爭準備了豐富的經驗。

有兩句古詩這樣寫道：「欲渡黃河冰塞川，將登太行雪滿山。」人生中不如意的事情是經常發生的。經受過大挫折比如逆境的人，對小挫折就不在意了；從來沒有受過挫折的人，稍有不如意就會產生激烈的情緒反應。

心理學上有個名詞：抗挫折力──也就是一個人對挫折的承受能力。抗挫折力的大小，和人的經歷有關，也和人的意識、意志有關。一個能夠正確對待挫折，意志比較堅強的人，在同樣的不如意面前，他的情緒波動相對就比較小，挫折耐力則相對比較高。

美國史丹佛大學的醫學家對65～75歲老人進行的一項調查顯示：心力強盛的人比心力交瘁的人平均多活4.8歲。所謂「心力強」，主要表現在三個方面：一是為完成某項事業而活，即使已老卻仍忘年地工作，不知疲倦，總覺得自己年輕。二是為完成某種責任而活，或為後代求學，或為老伴有依靠等，總覺得自己應該努力地去工作，累積財富，做什麼都覺得有意

下篇　情緒管理─做情緒的主人

義。三是以平靜的心態對待疾病，或曰「心理韌性」強，這種人病後容易康復。這最後一條「心理韌性」強，其實就是抗挫折力。

顯然，一個人抗挫折的能力越強，那麼他的心理素養就越好，其成功的機率也就越大。這樣的人，是高 EQ 的人。為此，有專家提出了一個「逆境商數」的概念，即 AQ，用以測試人們將不利局面轉化為有利條件的能力。

讓我們來看一個「AQ」高的例項：

山裡住著一位以砍柴為生的樵夫，他不斷地辛苦建造，終於完成了一間可以遮風擋雨的房子。

有一天，他挑著砍好的木柴到城裡交貨，黃昏回家時，卻發現他的房子起火了。左鄰右舍都前來幫忙救火，但是因為傍晚的風勢過大，沒有辦法將火撲滅，一群人只能靜待一旁，眼睜睜地看著熾烈的火焰吞噬了整棟小屋。

當大火終於滅了的時候，只見這位樵夫手裡拿了一根棍子，跑進倒塌的屋裡不斷地翻找著。圍觀的鄰居以為他在翻找藏在屋裡的珍貴寶物，所以都好奇地在一旁注視著他的舉動。

過了半晌，樵夫終於興奮地叫著：「我找到了！我找到了！」鄰人紛紛向前一探究竟，才發現樵夫手裡捧著的是一片斧刀，根本不是什麼值錢的寶物。

只見樵夫興奮地將木棍嵌進斧刀裡，充滿自信地說：「只要有這柄斧頭，我就可以再建造一個更堅固耐用的家。」

在上面的故事中，這個樵夫抗挫折的能力是那麼強，面對

第十三章　戰勝挫折情緒─鍛造屢敗屢戰的魄力

災難根本沒有絲毫的苦澀。這樣的人，再大的災難對他來說只是奮進的動力，而不是一蹶不振的理由。在這些人身上，你根本看不到失敗的情緒，只能聽到戰鬥的吶喊聲。

那麼，我們應該怎樣提高自己的「AQ」呢？概括起來，應對逆境的能力可以分解為四個關鍵因素，即控制、歸屬、延伸和忍耐。

- 控制就是認清自己改變局面的能力；
- 歸屬是指承擔後果的能力；
- 延伸是對問題大小及其對工作生活其他方面影響的評估；
- 忍耐是指了解問題的永續性，以及它對你的影響會持續多長時間。

要調整好這四個關鍵因素，就要對每個問題都進行這樣的思考：這個問題導致的今後兩天必然發生的結果是什麼？對於這些必然結果，你最有可能改變的是哪些？怎樣做能防止問題的擴散？有什麼跡象表明問題的後果會持續很長時間？

遇到麻煩的時候，或者災難降臨的時候，習慣性地做出這樣的思考，你就可以有效減少不必要的恐慌，並及時確定事情的輕重緩急，掌握事態的進展，儘早走出逆境。

下篇　情緒管理─做情緒的主人

【情緒調節】

　　許多時候，人們的挫折情緒來自對外界事物的畏懼。挫折來臨時，產生擔憂，就屬於這種情況。所以，不要左顧右盼，才能有更多自信，不被風浪擊倒。最後，需要牢記的是，苦難不會長久，強者卻可長存。人的一生就是不斷地在挫折中奮戰，萌生希望實現理想，漸漸走向幸福彼岸的過程。

第十三章　戰勝挫折情緒—鍛造屢敗屢戰的魄力

3・培養戰勝挫折的意志

人在挫折面前是很容易喪失奮鬥精神的，一些人常見的表現是覺得人生無聊，萎靡不振，而後便自我逃避，自暴自棄。有些人借酒消愁，卻是愁上加愁。有些人行為趨向孤僻，對生活只剩逃避，全無期許。

其實，挫折並不可怕，你軟弱，挫折就像繩子一樣捆住你的雙腳；你堅強，挫折就會被你掙脫。因此，面對挫折的時候，個人意志的強弱，決定了你面對挫折的態度，以及你將採取的行動。培養戰勝挫折的意志，就是在鍛造我們穩健的心理素養。

著名考古學家謝里曼年輕時在一家公司任職，有了經濟基礎後便向自己一直暗戀著的著名影星求婚，不料對方早已和別人訂婚。這是他一生中無法挽回的一次情感失敗。

經歷過感情的失敗，他並沒有倒下，而是用更堅強的意志投入商業。他在經商貿易中獲得大筆利潤，業務蒸蒸日上，不久便成為商界鉅富。但他並不因此而稍有懈怠，反而更勤奮地學習古希臘語和拉丁語，為實現少年時代的夢想而堅持不懈地努力著。

42歲時，謝里曼為能順利發掘特洛伊遺跡而做了大量的準備工作。謝里曼說：「現在我所擁有的財富，已經無比豐厚，表示我從年少時一直夢想得到的果實已經成熟了。回想經商之初，生活雖然忙碌緊張，我卻一刻也不曾忘記特洛伊遺址，我

下篇　情緒管理—做情緒的主人

有決心一定要達到目標。」「過去的我由於經濟不寬裕，因而致力於累積財富，以此作為實現夢想的物質基礎。現在金錢財力對我似乎已經不再是難題，目標好像儼然近在眼前，所有的血汗都不會白流。對於經商貿易，我將不再多費心力，我將把後半生投入到使美夢成真的行動中。」

謝里曼無比激動地說：「要下定這樣的決心，所遭遇的困難簡直是一言難盡，儘管一次又一次遭受失敗的打擊，但我總是咬緊牙關去克服，盼望早日達到目標，完成我用一生做賭注的偉大理想。」

最終，謝里曼成功地實現了自己的夢想，特洛伊遺跡的出土，象徵著他為世界考古學做出的輝煌貢獻。

面對挫折，謝里曼不改初衷，堅持自己的夢想，並為此不懈奮鬥，所以最後獲得了成功。顯然，一個人的意志越堅定，那麼他就越有抗擊挫折的力量。然而，生活中卻總有另一些人，會因無法克服困難而墮落下去，這種自暴自棄的做法注定讓他們一事無成。

法國著名作家福樓拜曾這樣激勵人們：「你一生中最光輝的日子，並非是成功那一天，而是能從悲嘆和絕望中湧出對人生挑戰的心情和幹勁的那一刻。」成功僅僅是人們努力付出所收穫的一個成果而已。這個世界上最美的不是成功，而是能在逆境中保持繼續奮鬥努力的精神，從而不斷去追逐成功的過程。

所以說，性格決定命運。一個意志堅定的人，即便遭受再大的打擊，也不會被環境壓垮，反而越挫越勇，這樣的人生是

第十三章　戰勝挫折情緒─鍛造屢敗屢戰的魄力

快慰的,是令人稱道的。因此,一個人越是不畏懼挫折,他就越能辦大事,成大業,挫折情緒根本傷不了他一絲一毫。

【情緒調節】

戰勝挫折,突破逆境,最終還是要靠當事者自己,充分發揮人的主觀能動性,透過自我意識對失敗心理進行控制和調節,預防並克服消極的情緒,進而產生積極的行動反應。

下篇　情緒管理—做情緒的主人

4．看開「得」與「失」

　　世上有許多事情的確是難以預料的。得也好，失也罷，總是相生相伴的。當好事降臨時，不要狂喜，也不要盛氣凌人，把功名利祿看輕看淡一些。當禍事侵襲時，不要悲傷，也不要自暴自棄，把厄運挫折看開一些，也許厄運不經意間反為你帶來福氣。這樣，我們才能在挫折中多一些淡定。

　　有一艘船遭遇海浪，最終沉沒了，唯一的倖存者被沖到了一座荒島上。這位倖存者每天都站在海邊翹首以待，希望有船將他救出。然而，時間一天一天地過去，他望眼欲穿，也沒有看到船的影子。

　　為了活下去，他費盡周折，從島上撿來了一些樹木枝葉，搭建了一個「家」。為了求得心靈的慰藉，他還堅持每天默默地向上天祈禱。

　　但是，不幸的事還是發生了。有一天，當他外出尋找食物的時候，一場大火頃刻間把他的「家」化為了灰燼，他眼睜睜地看著滾滾濃煙消散在空中，悲痛交加，眼中充滿了絕望。

　　第二天一大早，當他還在痛苦中煎熬時，風浪拍打船體的聲音驚醒了他，一隻大船正向他駛來。他得救了。

　　事後，這位倖存者問解救自己的人：「你們是怎麼知道我在這裡的？」對方回答：「我們看見了你燃放的煙火訊號。」

　　從這個故事中，我們可以得到這樣的感悟：人的一生，總

第十三章　戰勝挫折情緒—鍛造屢敗屢戰的魄力

在得失之間，在失去的同時，或許往往另有所得。只要認清了這一點，就不至於為失去而追悔莫及，就能生活得安心。

生活中，人都歡喜得，不歡喜失，但是「塞翁失馬，焉知非福」。有句話說得好，「失之東隅，收之桑榆」。有時候，失去了金銀財寶，但得到了一家人的安全。失之固然可悲，可是誰又知道禍兮不是福之所倚呢？

可見，只要正視人生的得失，月亮即使有缺，也依然皎潔；人生即使有憾，也依然美麗。那麼，如何在漫長而充滿艱險的人生中正視得與失呢？

(1) 對於得失，態度要坦然

所謂坦然，就是生活所賜予你的，要好好珍惜，不屬於你的，就不要自尋煩惱，此其一。其二，就是得失皆宜。得而可喜，喜而不狂；失而不憂，憂而不慮。這種態度，比那種患得患失、斤斤計較的態度要開朗，比那種得不喜，失不憂的淡然態度要積極，要有熱情。患得患失是不理智的，得失不計是不現實的。該得則得，當捨則捨，才能坦然地面對得與失，找到生活的意義。這樣的得失觀才是比較健康的。

(2) 對於得失，認識要分明

在生活中，有些「得」不是想得就能得的，有些「失」不是想失就可失去的。有些「得」是不能得的，有些「失」是不應失的。誰得到了不應得到的，就會失去應該擁有的。嗜取者取得

不義之財的同時，就失去了不應失去的廉正。因此，當得則得之，當失則失之。

(3) 對於得失，取捨要明智

必須權衡其價值、意義的大小，才能在取捨得失的過程中掌握準確，明白該得到什麼，不該得到什麼；該失去什麼，不該失去什麼。比如：為了熊掌，可以失去魚；為了所熱愛的事業，可以失去消遣娛樂；為了純真的愛情，可以失去誘人的金錢；為了科學與真理，可以失去利祿乃至生命。但是，絕不能為了得到金錢而失去愛情，為了保全性命而失去氣節，為了取得個人功名而失去人格，為了個人私欲而犧牲集體的福祉。

【情緒調節】

人生在世，需要有一種放棄的智慧。得、失都是一樣，有得就有失，得就是失，失就是得。所以一個人最高的境界，應該是明白其實世上本無得失。但是人們往往深陷這種糾結之中，都是患得患失，為得失欣喜若狂，或者一蹶不振，這實在是自討苦吃。塞翁失馬，你怎曉得是福還是禍呢？得失之間，還是看開一些更好，讓活在當下的我們減少不必要的焦慮和煩惱。

5‧對自己說聲「沒關係」

新年來到，人們總會相互祝福「萬事如意」。這是人們美好的願望，但現實往往不能使我們如願以償。當你受到打擊時，請說聲「沒關係」，振奮起精神，勇敢地面對命運的挑戰；當你受到挫折時，請說聲「沒關係」，你就有勇氣去面對人生，再攀高峰。

王芳愛上了一位英俊瀟灑的男子，她確信這就是自己的白馬王子。可是，有一天晚上，男子溫柔婉轉地告訴她：「我只把妳當作普通朋友。」

聽到這裡，王芳大腦一片空白，不相信這個殘酷的事實。朋友勸告她，說：「沒關係，沒什麼大不了的，天下的好男人多的是呢！」

「有關係。」王芳辯解，「我愛他，沒有他我就不能活。」

後來，媽媽這樣勸解她：「妳先靜下心來，好好體會一下『沒關係』這三個字，問問自己那個男人到底有多重要。」

是啊，白馬王子很重要，可是自己也很重要啊，自己的快樂也很重要。顯然，沒有一個人會希望和一個不愛自己的人結婚。想到這裡，王芳釋懷了很多。

就這樣，日子一天天過去，她發現沒有那個男子，照樣可以生活得很好。她仍然能快樂，並且相信將來肯定會有另一個人進入自己的世界。不久，她果然戀愛了。這時候，王芳才恍然大悟，原來很多事情並沒有自己想的那麼重要，那麼的不可失去和無法取代。

下篇　情緒管理─做情緒的主人

　　人生在世，有許多使我們的平和心情和快樂情緒受到威脅的事情。細想開來，許多讓我們急切、焦慮的事情，往往是不重要的，或者不像我們所想像的那般重要。

　　或許你會因一時的疏忽而漏做一道考題，或許你會因無意的舉動而受到一次批評，又或許你會因偶爾的閃失而錯過一次重要的機會，每當此時，請你悄悄地對自己說：「沒關係。」

　　初戀情人離你而去，沒關係，你仍然可以在這個世界上活下去，心愛的人總會來到你身旁；主管對你持有偏見，沒關係，你仍然可以在這裡待下去，總有一天他會全面地了解你⋯⋯偶爾的閃失，也不過是美中不足，總有機會可以彌補。

　　總之，當你因為挫折而失落時，請你對自己說一聲「沒關係」。別讓挫折阻擋我們前進的步伐，也別讓它影響我們美好的心情，要知道，生活本身就是充滿陰晴變化的，這才是真實的人生。

【情緒調節】

　　一個人，在生命的長河裡搏擊，總會遇到激流，途經險灘。許多威脅我們情緒健康的事其實是無關緊要的，或不像我們所以為的那樣重要。如果對那些無關緊要的事太介意，你就會被生活負累所壓倒，各種不良情緒就會接踵而至，最後打垮你的人一定是你自己。所以別總是畏首畏尾，總把挫折放在心上，若時刻都能讓自己保持一個好的精神狀態，就沒有什麼事情是真的可怕的了。

第十三章　戰勝挫折情緒—鍛造屢敗屢戰的魄力

6·永不言棄

　　成功者與失敗者作為一個「人」並沒有多大的區別，只不過是失敗者走了九十九步，而成功者走了一百步。失敗者跌下去的次數比成功者多一次，成功者站起來的次數比失敗者多一次。

　　當你走了一千步時，也有可能遭到失敗，但成功卻往往躲在轉角後面。有些人之所以成功，正是因為堅持走完了最後這一步。屢敗屢戰的林肯，就是這樣一個不服輸的人。

　　1832年，林肯失業了，這顯然使他很傷心，但他下定決心要當政治家，當州議員。然而糟糕的是，他競選失敗了。在一年裡連遭兩次打擊，這對他來說無疑是非常痛苦的。

　　接著，林肯著手自己創辦企業，可是一年不到，這家企業又倒閉了。在往後的17年間，他不得不為償還企業倒閉時所欠的債務而四處奔波，歷盡磨難。

　　然而不久以後，林肯再次決定參加州議員競選，這一次他成功了。他內心萌發了一絲希望，認為自己的生活有了轉機：「也許我能夠更成功！」

　　1835年，他訂婚了，但離結婚還差幾個月的時候，未婚妻安（Ann Rutledge）不幸去世。這對林肯在精神上的打擊實在太大了，他心力交瘁，數月臥床不起。1836年，他被診斷出神經衰弱。

　　1838年，林肯覺得身體狀況良好，於是決定復出競選州議

下篇　情緒管理─做情緒的主人

會議長,可是他卻失敗了。1843年,他又參加競選美國國會議員,這次仍然沒有成功。

林肯雖然一次次地嘗試,但卻也一次次地遭遇失敗:企業倒閉、未婚妻去世、競選敗北。可是林肯有著執著的性格,他沒有放棄,他也沒有說「要是失敗會怎樣?」1846年,他又一次參加競選國會議員,最後終於當選。

兩年任期很快過去了,他決定要爭取連任。他認為自己作為國會議員的表現是出色的,相信選民會繼續選舉他。但結果很遺憾,他落選了。

因為這次競選他賠了一大筆錢,林肯申請當本州的土地官員,但州政府把他的申請退了回來。接連又是數次失敗,1854年,他競選參議員,結果失敗;兩年後他競選美國副總統提名,結果被對手擊敗;又過了兩年,他再一次競選參議員,還是失敗了。

林肯嘗試了11次,可是只成功了兩次,但他一直沒有放棄自己的追求,他一直在做自己生活的主宰。1860年,他終於當選為美國總統。

林肯實現夢想最重要的方法是永不放棄,堅持到底。他的經歷告訴我們,唯有經得起風雨考驗的人,才能成為最後的勝利者。想做出一番事業,就要不到最後關頭絕不因挫折而傷感自棄。

一個人克服一點困難也許並不難,難的是能夠持之以恆地堅持下去。因此,任何人想成就一件大事,首先要經受心理的極限挑戰。

第十三章　戰勝挫折情緒—鍛造屢敗屢戰的魄力

　　從某種意義上說，失敗的人之所以不成功，是因為他們無法克服遭遇挫折帶來的失敗體驗，這種感受折磨著他們的身心，直到他們倒下去，徹底絕望為止。所以，成功的要義首先是戰勝挫折情緒。

【情緒調節】

　　生命不過匆匆幾十載，活著就要有活著的意義，即使我們透過努力也達不到我們的夢想，那麼永不言棄也是一種成功。在現實生活中，往往有許多人對失敗太早下定論，遇到一點點挫折時就對自己的工作產生了懷疑，於是半途而廢，致使前面的努力全部白費，功虧一簣。因而唯有經得起風雨考驗不動搖的人才是最後的勝利者。

國家圖書館出版品預行編目資料

情緒掌控術，不再被負能量「綁架」大腦！接受不完美 ✕ 尋找社會支持 ✕ 保持空杯心態，每天給自己一個笑容，人生就真正幸福了 / 樂律 著 . -- 第一版 . -- 臺北市 : 崧燁文化事業有限公司, 2024.08
面；　公分
POD 版
ISBN 978-626-394-642-2(平裝)
1.CST: 情緒管理 2.CST: 自我實現
176.52　　113011683

電子書購買

爽讀 APP

臉書

情緒掌控術，不再被負能量「綁架」大腦！接受不完美 ✕ 尋找社會支持 ✕ 保持空杯心態，每天給自己一個笑容，人生就真正幸福了

作　　　者：樂律
責任編輯：高惠娟
發　行　人：黃振庭
出　版　者：崧燁文化事業有限公司
發　行　者：崧燁文化事業有限公司
E-mail：sonbookservice@gmail.com
粉　絲　頁：https://www.facebook.com/sonbookss/
網　　　址：https://sonbook.net/
地　　　址：台北市中正區重慶南路一段 61 號 8 樓
8F., No.61, Sec. 1, Chongqing S. Rd., Zhongzheng Dist., Taipei City 100, Taiwan
電　　　話：(02) 2370-3310　　傳　　　真：(02) 2388-1990
印　　　刷：京峯數位服務有限公司
律師顧問：廣華律師事務所 張珮琦律師

-版權聲明-
本書版權為樂律文化所有授權崧燁文化事業有限公司獨家發行電子書及紙本書。若有其他相關權利及授權需求請與本公司聯繫。
未經書面許可，不得複製、發行。

定　　　價：450 元
發行日期：2024 年 08 月第一版
◎本書以 POD 印製
Design Assets from Freepik.com